Ursula Rücker-Vogler

Geschichten zum Entspannen

Ursula Rücker-Vogler

Geschichten zum Entspannen

Fantasiereisen, Entspannungsgeschichten
und Körperübungen für Kinder

Mit Illustrationen von Doris Rübel

Ravensburger Buchverlag

Inhalt

Bildnachweis

Foto auf Seite 10: IFA Bilderteam, München
Foto auf Seite 22: The Image Bank, Inc., Frankfurt
Foto auf Seite 54: Transglobe Agency, Hamburg
Foto auf Seite 98: Bavaria Bildagentur, Gauting

3 01 00 99

Die Schreibweise entspricht den Regeln der neuen Rechtschreibung.

Layout und Illustrationen: Doris Rübel
Umschlagfoto: Bavaria Bildagentur, Gauting
Redaktion: Elke Dannecker
Printed in Germany

ISBN 3-473-37499-7

Vorwort

Dieses Buch ist die Fortsetzung und Weiterentwicklung meiner bisher erschienenen Bücher zum Thema „Yoga und Autogenes Training mit Kindern", „Kinder können entspannt lernen" und des im Ravensburger Buchverlag erschienenen Buches „Bewegen und Entspannen". Es beruht auf meiner praktischen Erfahrung aus meinen Kinderyogakursen und der Erkenntnis, dass es Kindern sehr viel leichter fällt, sich auf Bewegungs- und Entspannungsübungen einzulassen, wenn sie sie zusammen mit einer fantasievollen Geschichte angeboten bekommen. Diese Vorgehensweise erlaubt ihnen eine Art Vorbereitung und Einstimmung auf sich selbst und den Reichtum ihres Innenlebens. So finden Sie in diesem Buch Entspannungsgeschichten, Fantasiereisen, Übungsreihen zum Bewegen und Entspannen, auch Spiele, positive Leitgedanken, sowie intensive Körper- und Wahrnehmungsübungen, die alle sorgfältig aufeinander abgestimmt sind.

Entspannungsgeschichten und Fantasiereisen

Die vorliegenden Fantasie- und Entspannungsgeschichten für Kinder haben einen sehr meditativen Charakter. Meditation fordert und fördert das Loslassenkönnen, das sich von Außen-ab-und-nach-innen-wenden-können. Das Wachbewusstsein wird vorübergehend ausgeschaltet, und es entsteht Raum für das innere Erleben. Eine intensive nervenstärkende Ruhe, der Reichtum der innewohnenden Kreativität und Weisheit, werden so erschlossen.

Übungen und Übungsreihen zum Bewegen und Entspannen
Die Übungsreihen sind einfach und wirkungsvoll. Viele der einzelnen Haltungen entstammen dem Yoga, welches für Kinder und Erwachsene von großem gesundheitlichen Wert ist. Alle in diesem Buch empfohlenen Übungen haben einen Bezug zu einer ganz bestimmten Geschichte. Auf diese Weise werden die Kinder in ihr fantasievolles Erleben auch auf aktive und sehr körperliche Art eingebunden. Das fordert und fördert ihren kreativen Selbstausdruck und körperliches Erleben. Am Ende jeder Bewegungsreihe folgt eine Schlussentspannung, die das gesamte Geschehen abrundet und die Kinder noch einmal verstärkt in ihr Inneres führt.

Positive Leitgedanken – Affirmationen
In den meisten Entspannungsgeschichten und Fantasiereisen bilden die verschiedenen Leitgedanken und Affirmationen den eigentlichen Kern, weisen den Weg zur Kraft des positiven Denkens und einer selbstbewusst positiven schöpferischen Lebensgestaltung. Sie finden sich dann auch in den dazugehörigen Übungsreihen. Um ihre Bedeutung hervorzuheben, sind sie deshalb deutlich erkennbar fett und kursiv gedruckt. Tatsächlich wirken solche Affirmationen wie Zauberformeln, sie helfen zum Beispiel kleinen Zappelkindern dabei, mal ruhig und still liegen zu bleiben, dank der gezielten Herstellung einer positiven inneren Einstellung und Grundhaltung (z. B. „Ich bin ganz ruhig und still, wenn ich es so will!“). Aus Erfahrung weiß ich, dass nach einiger Übung, und wenn den Kindern solche „Zauberformeln“ wiederholt angeboten und mit bestimmten körperlichen Zuständen wie Ruhe, Kraft, Wohlbefinden, Selbstvertrauen ... verbunden werden, es für ein Kind oft reicht, wenn es sich an diese Formel erinnert, sie für sich selbst wiederholt, den gewünschten positiven Zustand für sich selbst wieder „herbeizaubern“ kann. Es findet sich hier eine starke Anlehnung an die Grundgedanken des autogenen Training, und tatsächlich wird so manche Zauberformel auch durch die Leitsätze des autogenen Trainings eingeleitet.

Intensive Körper- und Wahrnehmungsübungen
Mit diesen Übungen können die Kinder ihr Wahrnehmungsvermögen erforschen, erweitern und vertiefen. Das körperliche Erleben steht hier im Mittelpunkt, mit dem Ziel, vorübergehend in eine intensivere oder andere Erlebnissphäre hineinzuschlüpfen. Der Nutzen solcher Übungen ist vielfältig: Das Wahrnehmungs- und Erlebnisspektrum des Kindes wird nicht nur um ein Vielfaches erweitert, sondern es lernt auch unterschiedliche Sichtweisen kennen und achten.

Wichtige Überlegungen zum praktischen Üben

Zu den Entspannungsgeschichten und Fantasiereisen

Ich unterscheide hier Entspannungsgeschichten für Kindergartenkinder von Fantasiereisen für Schulkinder. Kindergartenkinder lieben Geschichten, und so bieten diese im Wesentlichen eine Einstimmung und Hilfe zum besseren Verständnis und Erleben der damit verbundenen körperlichen Übungen.
Für die Schulkinder findet sich auch die eine oder andere Geschichte. Die Fantasiereisen fordern jedoch eine wesentlich größere Aufmerksamkeitsspanne, ein sich tieferes Einlassen auf die eigene innere Bilderwelt. Sie setzen die Fähigkeit voraus, sich von seinem inneren Erleben her ganz, oder doch zumindest weitgehend, auf das Gehörte einzustimmen, und zuzulassen, dass sich äußere Impulse und inneres Erleben vermischen.
Grundschüler vermögen dies durchaus, und wenn sie sich erst einmal auf solche Fantasiereisen eingelassen haben, lieben sie sie sehr. Die Art und Weise, wie eine solche Geschichte oder Fantasiereise vorgetragen wird, bestimmt, wie sie von den Kindern erlebt wird. Eine Sprechpause erlaubt die Entfaltung eigener Gedanken und Bilder. Solche Stellen sind mit „✧ ✧ ✧" gekennzeichnet. Ein bedeutungsvoller Blick, vielleicht mit Blickkontakt zu dem einen oder anderen Kind, kann Wunder wirken. Eine Beschreibung oder Anweisung, in der ein ruhiger Atem gefordert wird, kann durch eigenes ruhiges, jedoch für alle wahrnehmbares Voratmen zur Nachahmung einladen. Und eine ruhige getragene und vielleicht auch etwas tiefere Stimme kann auch in den kindlichen Zuhörern Ruhe und Getragensein wecken.

Zu den körperlichen Übungen

Auch hier gibt es eine einfache Aufteilung für Kinder im Kindergartenalter und im Grundschulalter, die sich nach den entwicklungsspezifischen Ansprüchen, Wünschen und Fähigkeiten der Kinder richtet. So werden Kindergartenkinder eher spielerisch an die Übungen herangeführt, während Schulkinder bereits Hintergrundinformationen haben möchten, die sie auch bekommen.
In den Körperhaltungen wird vielfach innegehalten, geatmet und gespürt. Je nachdem, wie alt und geübt die Kinder sind, können sie mehr oder weniger lang (max. zehn ruhige Atemzüge) in den Haltungen verweilen. Es hat sich auch gezeigt, dass Schulkinder viel Freude an den wesentlich einfacheren Geschichten und Übungen für die Kindergartenkinder haben können.

Zum Entspannungselement
Die Entspannungsgeschichten, Fantasiereisen und auch die Schlussentspannungen weisen in der Regel Bezüge zum autogenen Training auf, wenn auch mit unterschiedlicher Intensität. Mit Anweisungen wie: ... *und jetzt atmest du ganz ruhig und regelmäßig ein und aus* ... oder: ... *er wurde ganz müde, und seine Arme und Beine waren auch ganz müde und schwer und warm* ... können Kinder sehr gut in die Entspannung und dann auch in die Meditation oder Fantasiereise geleitet werden. Auch hier sind die mit „✧ ✧ ✧" gekennzeichneten Gesprächspausen sehr wichtig.

Zur aktiven Teilnahme an den Übungen
Es gibt Kinder, die insbesondere mit den Fantasieübungen große Schwierigkeiten haben und Ängste zeigen. Sie machen dabei sehr deutlich, dass sie sich auf keinen Fall auf einen solchen Vorgang einlassen möchten. Im Rahmen meiner Kurssituation ist die aktive Teilnahme an den verschiedenen Übungen immer freiwillig. Entspannung und Leistungsdruck schließen sich gegenseitig aus, sodass alle Überredungsversuche des Übungsleiters wenig Erfolg hätten. Jedes Kind hat sein eigenes Tempo, und manche brauchen viel Zeit, um mit sich selbst Kontakt herstellen zu wollen und zu können. Aber meine Erfahrung ist auch, dass es einen Punkt gibt, an dem die meisten diesen Sprung schaffen – freiwillig.

Übungsbedingungen
Der äußere Rahmen ist für solche Bewegungs- und Entspannungsübungen außerordentlich wichtig. Zum ungestörten Üben und Sich-wohl-Fühlen braucht man bequeme Kleidung, eine warme, weiche Decke als Unterlage und einen ruhigen und angenehm temperierten, gut belüfteten Raum. Bei den Entspannungsgeschichten und insbesondere den Fantasiereisen kann eine leise, meditative Hintergrundmusik sehr hilfreich sein, um das innere Bilderleben der Kinder anzuregen.

Das Wichtigste zuletzt
Der Übungsleiter sollte Ruhe ausstrahlen. Eine angenehm ruhige Stimme und langsame Bewegungen sind hier ebenso wichtig wie die Erkenntnis, dass das Wichtigste die Kinder sind. Sie sollen sich wohl fühlen und nicht in eine „perfekte Übungsstunde" eingepasst werden.
Der Spaß und die Lust an der Bewegung und an der Selbsterfahrung sind die Schlüssel zum Ganzen.

1 Vorbereitende Übungen für Kindergarten- und Grundschulkinder

Die Einführungsgeschichte „Peter und sein fliegender Teppich", die begleitenden Körperübungen sowie die Entspannungsgeschichte „Eine Sonne im Bauch" können den Übungsleitern und den Kindern helfen, sich den Themen „Sitzen, Atmen und Konzentrieren" sowie der Frage „Was Entspannung ist, und wofür sie überhaupt gut ist!" anzunähern. Die „Hexe Gütlich" beschreibt eine aktive Form der Körperentspannung, so, wie sie am Ende einer Übungsreihe sinnvoll ist. Alle drei Geschichten können zunächst für sich alleine den Kindern angeboten werden. Sie vermitteln Basiswissen zum „entspannt aufrecht sitzen können", „ruhig und regelmäßig atmen können", „sich entspannen können", „ sich zur Ruhe legen können" auf ausführliche, kindgerechte und spielerische Art und Weise. Erfahrungsgemäß lieben Kinder diese Geschichten, möchten sie auch mehrmals erleben und üben, um sie zu verinnerlichen und sich zu eigen zu machen. Da diese grundlegenden Basisübungen auch in den anderen Geschichten und Übungen eine wichtige Rolle spielen, können sie mit diesen kombiniert werden und beispielsweise als Einstimmung oder Schlußentspannung dienen, müssen aber nicht.

Peter und sein fliegender Teppich

Diese Geschichte und die Übungen dazu haben das „richtige Sitzen“, den „natürlichen Atem“ und einfache Meditationsregeln zum Inhalt. Sie eignen sich hervorragend als „Einstieg“ für Kinder und Kursleiter.
Wenn mit Kindergartenkindern gearbeitet wird, so empfiehlt es sich, ihnen diese Geschichte Stück für Stück zu erzählen und sehr lebendig zu präsentieren. Schulkindern kann man diese Geschichte erst einmal ganz vorlesen, um anschließend mit ihnen ihre Sitz- und Atemgewohnheiten zu diskutieren und sie auf ihre Konzentrationsfähigkeit (in der Schule, bei den Hausaufgaben) anzusprechen. An den Stellen, an denen ✧ ✧ ✧ steht, ist eine kleine Gedankenpause vorgesehen.

Geschichte
Peter kann nicht schlafen. Unruhig wälzt er sich im Bett hin und her. Peter kann nicht schlafen, denn er hat ein Problem: Seit drei Tagen ist er stolzer Besitzer eines fliegenden Teppichs. „Was? Ein fliegender Teppich und ein Problem?“, wirst du dich fragen. Aber genau so ist es. Der fliegende Teppich ist Peters Problem.
Und zwar verhält sich das Ganze so: Als Peter vor drei Tagen den fliegenden Teppich fand, hat er sich natürlich auch zuerst riesig gefreut. Schließlich, wer hat schon einen fliegenden Teppich? Aber als sich Peter draufsetzte und losfliegen wollte, da fingen die Probleme an:

1. *Der Zauberspruch.*
2. *Mit einem fliegenden Teppich fliegt man im Sitzen.*
3. *Das Ziel.*

Aber fangen wir doch bei erstens an, der Zauberspruch. Er lautet: ***„Ich atme tief ein, tief aus, und schon flieg ich hoch hinaus.“*** Der Haken an der Sache ist, man muss nicht einfach nur den Satz sagen, damit der Teppich losfliegt, sondern man muss auch tatsächlich ganz ruhig und regelmäßig und tief ein- und ausatmen. Und wer kann so etwas heute schon noch! Peter jedenfalls atmete wie immer, mal etwas mehr ein, dann wieder länger aus, dann war er ja sowieso sehr aufgeregt und atmete mal schneller, dann hielt er vor lauter Spannung die Luft an. Tja, und genauso flog auch der Teppich: mal hoch,

mal runter, und einmal machte er sogar einen Looping in der Luft. Und wenn Peter sich da nicht schnell an den Teppichfransen festgehalten hätte, wäre er hinuntergefallen, und zwar ganz schön tief.
Aber das ist noch längst nicht alles. Mit einem fliegenden Teppich fliegt man im Sitzen. Und das ist gar nicht so einfach. Peter ist es schließlich gewöhnt, dass er seinen Rücken überall schön anlehnen kann. Schließlich haben ja heutzutage alle Stühle und alle Sessel und auch die Couch eine Lehne. Tja, und jetzt kann Peter gar nicht mehr richtig sitzen, und schon gar nicht gerade und aufrecht. Peter sitzt mit einem ganz krummen Rücken da, und das verursacht, dass er

- *nicht richtig tief ein- und ausatmen kann, und*
- *sich sein Gewicht so komisch nach hinten verlagert, dass der Teppich mit ihm jedes Mal dann, wenn er nicht sehr gut aufpasst, einen Rückwärtssalto macht.*

Und da wären wir schon beim dritten Problem: Wie soll er in all diesem Tohuwabohu noch sein Ziel im Auge behalten. Wie soll er sich da noch konzentrieren können, wenn der Teppich mit ihm Achterbahn fliegt? Ja, und ein weiteres Problem hierbei wäre noch wichtig zu sagen: Peter weiß eigentlich gar nicht genau, wo er hin will. Und so jagt der Teppich zwei Minuten Richtung Osten durch die Luft, dann wieder zurück Richtung Westen, dann macht er plötzlich eine gefährliche S-Kurve nach Norden, oder manchmal wird auch eine liegende Acht daraus, und er fliegt nach Süden.
Einen fliegenden Teppich richtig zu bedienen will eben auch gelernt sein. Aber Peter gehört nicht zu den Kindern, die sofort aufgeben. Da hat er schon ganz andere Sachen geschafft. Schließlich ist er derjenige, der an Ostern immer die meisten Eier findet, weil er nicht so leicht aufgibt. Und die höchsten Bierdeckeltürme baut er auch.
Und wie Peter so an seine Ostereier und Bierdeckeltürme denkt, schläft er ein. Und siehe da: Jetzt wo er schläft, atmet er ganz ruhig und regelmäßig. Er atmet richtig tief ein und tief aus, ganz von allein. Und er merkt es gar nicht!

Aber dafür fängt er an zu träumen:
Seine Bierdeckeltürme verwandeln sich allmählich in Pyramiden. Peter läuft aufgeregt um die Bierdeckelpyramiden herum, schaut sie sich genau an und setzt sich schließlich davor. Die Pyramiden lässt er dabei nicht aus den Augen.
Ganz unwillkürlich versucht er dabei auch auszusehen wie eine Pyramide:

Mit seinen Füßen und Beinen bildet er einen richtig breiten Sockel. Und je weiter er im Schneidersitz die angewinkelten Beine auseinander nimmt, desto fester und sicherer wird sein Sitz. Gleichzeitig versucht er sich so groß wie möglich zu machen. Dabei macht er eine interessante Entdeckung. Immer wenn er sich aus dem Rücken heraus nach oben strecken will, muss er sich auch ein wenig anders hinsetzen. Er sitzt natürlich immer noch auf seinem Po, aber weiter vorne, und nicht mehr ganz hinten, da wo das Steißbein ist. „Ja genau, das ist es", ruft Peter im Traum laut auf. So laut, dass er aufwacht!

Ein wenig verwundert reibt Peter sich die Augen. Was war das? Ach ja, er hatte geträumt – er hatte etwas sehr Wichtiges geträumt! Aufgeregt springt Peter aus seinem Bett und setzt sich davor auf seinen Teppich. Wie war das noch mal? Er setzt sich im Schneidersitz hin und legt die Hände auf die Knie. Dann macht er die Augen zu. Er denkt wieder an die Pyramiden und setzt sich nun fast automatisch ganz gerade und aufrecht hin. Anfangs muss er noch ein wenig probieren, und merkt, immer wenn er sich wieder weiter hinten auf das Steißbein setzt, dann wird der Rücken ganz rund. Und dann kann er auch gar nicht gut tief ein- und ausatmen. Aber wenn er sich etwas weiter nach vorn setzt, das Becken aufrichtet, dann wird auch der Rücken ganz gerade, ja, und dann kann er sehr gut atmen!

Peter probiert das eine Weile aus, bis er eine gute Position gefunden hat und es

ihm sogar leichter fällt, als er gedacht hatte – so schön gerade zu sitzen, ohne sich anzulehnen. Die Knie nimmt er so weit auseinander, dass er eine schöne stabile Basis für seinen Körper und Rücken hat. Ja, genau genommen sitzt er jetzt da wie eine Pyramide.

Peter ist richtig erleichtert. Er freut sich und entspannt sich. Es fällt ihm jetzt auch im Sitzen leicht, weiterhin an die Pyramiden zu denken, und so merkt er zunächst gar nicht, wie ruhig und regelmäßig er schon die ganze Zeit atmet. Ja, er atmet so schön, dass sich nicht nur sein ganzer Brustkorb und die Seiten, sondern auch sein Bauch beim Atmen bewegt. Wenn er einatmet, dann kommt der Bauch raus, und wenn er ausatmet, dann geht der Bauch wieder zurück.

Schon fast ein bisschen schläfrig denkt Peter an den Zauberspruch: ***„Ich atme tief ein, tief aus, und schon flieg ich hoch hinaus."***

Ganz sanft und leise hebt sich der Teppich vom Boden. Er schwebt höher und höher. Peter sitzt ganz ruhig und entspannt da und ✧ ✧ ✧ fliegt zu den Pyramiden.

Und, wie könnte es anders sein, er erlebt ein tolles Abenteuer mit seinem fliegenden Teppich.

Begleitende Übungen

Peter weiß jetzt, wie man auf einem fliegenden Teppich fliegt. Und Peter wäre nicht Peter, wenn er nicht seinen besten Freund Max und seine liebste Freundin Lisa mitnehmen wollte. Schließlich kann man auch sehr gut zu dritt auf einem fliegenden Teppich fliegen. Und deshalb hat sich Peter einiges ausgedacht, um seinen beiden Freunden zu zeigen, wie man richtig sitzt, richtig atmet, und sich auch wirklich konzentriert. Schließlich möchte er nicht, dass sie dieselben schlechten Erfahrungen machen müssen wie er! „Passt gut auf! Und macht alles nach, was ich euch zeige!", sagt er.

1. Das Atmen

Legt euch auf den Rücken und macht die Augen zu. Eure Hände legt ihr zunächst

- *auf euren Brustkorb, ganz oben, direkt unter den Schultern, dann*
- *etwas weiter unten, auf die unteren Rippenbögen,*
- *und dann auf den Bauch, rechts und links neben den Bauchnabel.*

Atmet dabei immer so, als wolltet ihr gerade einschlafen. Atmet also recht ruhig und regelmäßig, aber ohne den Atem zu zwingen. Am besten stellt ihr euch vor, ihr würdet einschlafen, denn dann kommt der Einatem wie von ganz alleine und der Ausatem geht wie von ganz alleine. Beobachtet dabei, wie sich der obere und der untere Brustkorb und zuletzt die Bauchdecke unter euren Händen bewegen. Lasst die Hände zuletzt ganz ruhig auf dem Bauch ruhen: ***„Im Atem hebt und senkt sich der Bauch – und eure Hände auch!"*** Wenn ihr einatmet, gehen die Hände mit dem Bauch hoch und wenn ihr ausatmet runter!

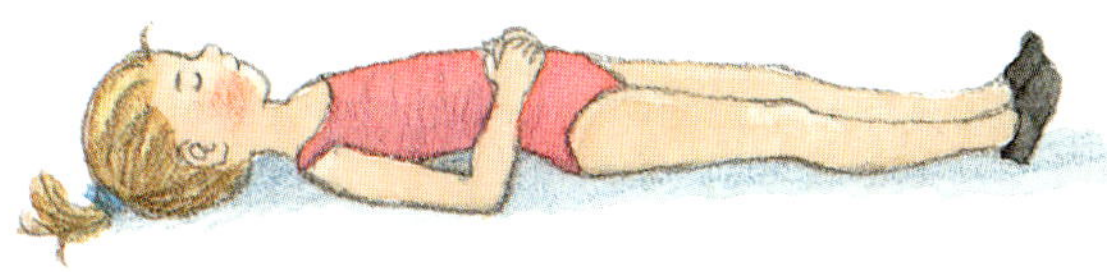

2. Das Sitzen

- Zuerst bewegt ihr euch einfach mal im Sitzen vor und wieder zurück. Dann spürt ihr genau die Stelle, auf der ihr sitzen müsst, wenn ihr gerade sitzen wollt. Dann sitzt ihr nicht mehr auf dem Steißbein.
- Setzt euch mal probeweise weiter hinten auf das Steißbein, dann wird der Rücken ganz rund. Und dann setzt ihr

euch wieder richtig hin, also mehr weiter vorne, auf den „Sitzbeinhöcker", wie die Fachleute dazu sagen. Ihr werdet merken, wie ihr euch fast von alleine mit einem geraderen Rücken hinsetzen könnt. Probiert das ruhig ein paar Mal aus, damit ihr es euch für immer merkt: Für einen geraden Rücken ist es wichtig, auf den Sitzbeinhöckern zu sitzen.

- Setzt euch mit weit gegrätschten Beinen hin. Denkt daran: weiter vorn auf den Sitzbeinhöckern und nicht auf dem Steißbein sitzen! Die Hände legt ihr vor euch auf den Boden und dann krabbelt ihr mit den Händen nach vorne. Das darf ein ganz kleines bisschen an den Beininnenseiten ziehen, aber wirklich nur ein kleines bisschen!

- Wenn ihr euch jetzt wieder in den Schneidersitz setzt, dann merkt ihr, dass eure Beine durch die beiden ersten Übungen beweglicher geworden sind. Und wenn ihr dann daran denkt, auch wieder auf den Sitzbeinhöckern zu sitzen, dann habt ihr es euch so leicht wie möglich gemacht. Denn der Rücken hat nun die Basis und auch den unteren Halt, den er braucht, um überhaupt gerade sein zu können. So seht ihr tatsächlich aus wie eine Pyramide!

3. Sitzen, atmen und konzentrieren:
Im Grunde genommen gehört das alles zusammen. Nur wenn wir richtig sitzen, können wir entsprechend tief und fließend atmen, bis in den Bauch. Er bewegt sich einatmend vor und ausatmend zurück. Und wenn uns das leicht fällt, dann werden wir von unserem Körper nicht mehr abgelenkt, dann können wir uns ungestört auf das Ziel konzentrieren, zu dem wir gerne hinfliegen möchten.
Also auf ins Vergnügen: ***„Ich atme tief ein, tief aus, und schon flieg ich hoch hinaus."***
Wenn die Kinder das richtige Sitzen, Atmen und Konzentrieren auf dem fliegenden Teppich erarbeitet haben, können sie nun mittels der „Zauberformel" überall dahin fliegen, wohin sie möchten. Und wenn eines der Kinder sich dabei doch lieber hinlegen oder mit offenen Augen nur zuhören möchte – na, dann macht es auch nichts. Vielleicht möchte es das nächste Mal „richtig fliegen"!

Eine Sonne im Bauch

Diese einfache Übung eignet sich besonders gut, um herauszufinden, wie gut sich die Kinder in einer Gruppe bereits auf fantastische Erlebnisse einlassen können. Den kleineren Kindern (Kindergartenkindern im Alter von 5–6 Jahren) kann diese Übung im Anschluss an verschiedene Körperübungen und Spiele angeboten werden. Bei Schulkindern kann sie manchmal auch an den Anfang einer Stunde gestellt werden. Leise, meditative Musik unterstützt das innere Erleben der Kinder.

Die Kinder legen sich auf den Rücken, die Augen werden geschlossen. Ihre Hände liegen auf dem Bauch, rechts und links neben dem Bauchnabel.
Diese Fantasieübung besitzt starke Merkmale des autogenen Trainings. Tatsächlich sind gelenkte Fantasiereisen mit ihrer bewussten Aufforderung zum ruhigen und regelmäßigen Atmen und der bewussten Vorstellung von Ruhe und Wohlbefinden sehr in der Nähe dieser Methode. Die „Sonne im Bauch" ist eine bei den Kindern sehr beliebte Übung. Sie berichten

danach oft ganz begeistert, wo ihre Sonne überall in ihrem Körper war und wo nicht. Diese Situation gibt die Gelegenheit, die Kinder zu fragen, was sie glauben:

- *warum die Sonne überhaupt in ihrem Körper war und*
- *warum nur an ganz bestimmten Stellen.*

Die Kinder lernen hier den Wert ihrer Vorstellungskraft kennen: Schließlich waren es sie selbst, die diese Wärme und die tolle Farbe in ihrem Körper geschaffen haben. Und sie erfahren auch, dass sie an den Körperstellen, an denen die Sonne war, entspannt waren. An den Stellen, wo die Sonne nicht war, waren sie noch nicht richtig entspannt. Für viele Kinder ist dieses Erstgespräch zum Thema Entspannung außerordentlich wichtig. Denn bisher wussten die meisten gar nicht, was Entspannung eigentlich ist. Nun verbinden sie mit Entspannung Wärme und eine schöne Farbe, und welches Kind möchte dies nicht überall in seinem Körper haben. Die Kinder werden neugierig und, was insbesondere bei Schulkindern sehr wichtig ist, offen für die anderen Übungen. Sie haben nun ein Eigeninteresse, denn Entspannung ist offensichtlich eine echt gute Angelegenheit.

Geschichte und begleitende Übungen

Setzt oder noch besser: Legt euch bequem hin und schließt die Augen. Stellt euch vor, ihr liegt ganz ruhig und entspannt auf einer grünen Wiese. Ihr liegt auf einer Decke. Unter euch spürt ihr das warme, weiche Gras. Über euch ist der weite blaue Himmel. Weiße Wolken ziehen am Himmel über euch hinweg, Vögel fliegen vorüber. Die Sonne scheint angenehm warm auf euch herab. Ganz ruhig liegt ihr da. Ihr atmet ganz ruhig und regelmäßig ein und aus und ein und aus ... Die Sonne scheint so herrlich warm auf euch herab. Und euer Bauch ist auch schon ganz warm. Ihr beginnt zu träumen ...

Du stellst dir vor: Du hast genau da, wo dein Bauchnabel ist, eine wunderschöne warme Sonne. Du hast deine eigene Sonne im Bauch! Noch ist sie ganz schön

klein, etwa so wie ein Tischtennisball, und vielleicht hat sie eine ganz andere Farbe als die da oben am Himmel! Aber schön warm ist sie auch! Welche Farbe hat deine Sonne ...? Und nun merkst du, weil du so schön ruhig und regelmäßig atmest, dass die Sonne in deinem Bauch immer größer und größer wird. Es wird dir auch immer wärmer und wärmer. Aber es bleibt wirklich angenehm ... Jetzt ist deine Sonne schon so groß, dass sie deinen ganzen Bauch ausfüllt, mit ihrer Wärme und ihrer wundervollen Farbe. Und nun möchtest du etwas probieren: Du möchtest gerne wissen, ob diese schöne Farbe und das wohlige warme Gefühl der Sonne auch in andere Körperteile hineinfließen kann. In deine Beine und Füße vielleicht? ... Oder nach oben, über die Brust, bis zu den Schultern, Armen und Händen ...? Nur den Kopf lässt du schön kühl! Schau mal nach, wo überall sich deine Sonne in deinem Körper befindet! Und merk dir die Stellen ganz genau ... Wenn du nun gleich wieder tiefer atmest und langsam die Augen öffnest, dann weisst du noch ganz genau, an welchen Stellen in deinem Körper die Sonne war, und an welchen nicht!

So, und jetzt atmet ihr etwas tiefer ein und aus ... noch tiefer ein und aus. Und jetzt könnt ihr euch wieder recken und strecken und dehnen ... ja – und langsam die Augen öffnen. Ihr seid jetzt wieder hellwach und ganz da und könnt euch an alles erinnern.

Nachbearbeitung

Die Kinder malen ein Körperschema aus. Da, wo sie die tollen Farben gesehen und die Wärme gespürt haben, tragen sie auch ihre bestimmte Farbe (oder mehrere Farben) ein.

Es ist sinnvoll, diese Übung nach einigen Wochen noch einmal zu wiederholen. Auf diese Weise können die Kinder, wenn sie die beiden Gemälde vergleichen, ihre Fortschritte sehr eindrucksvoll selbst nachvollziehen.

Die Hexe Gütlich macht sich's gemütlich

Diese Übung eignet sich als Ruhe- und Entspannungsübung. Sogar Erwachsene lieben sie. Vorab insbesondere mit den jüngeren Kindergartenkindern klären, was es heißt, ein Bein, einen Arm und den Kopf „zur Ruhe zu legen". Beim Vorlesen die jeweiligen Körperbewegungen vorspielen, so werden die Kinder zum Nachahmen angeregt und selbst zur Hexe Gütlich. Anschließend können sie sich, nach einer kurzen Ruhephase, wieder genüsslich recken und strecken und „ihre Lebensgeister wecken"!

Geschichte

Hallo, ich bin die kleine Hexe Gütlich.
Ich lebe in meinem kleinen Haus, ganz gemütlich.
Mein Häuschen steht oben auf einem gewaltigen Berg,
hier gibt es nur mich, meinen Kater und meinen Freund, den Zwerg.
Um uns herum sind Himmel, Berge und Wald,
und sie sind, genau wie wir schon ganz schön alt.
Zweihundert Jahre sind selbst für eine Hexe schon viel,
aber manchmal fliege ich noch heut auf meinem Besenstiel.
Ich fliege hoch in die Lüfte, ins Wolkenzelt,
unter mir sind Tiere und Menschen, die ganze Welt.
Hui, dann fliege ich weit und seh nach dem Rechten,
ich verhelfe den Menschen zum Guten, nicht zum Schlechten.
Ich schenke ihnen die Kraft der Ruhe, den Schlaf,
sogar wilde Kinder werden dann brav.
Ich war schon überall auf dieser Welt; auf diese Weise,
mache ich so manche Reise.
Ich sah und hörte und lernte viel,
auf meinen Reisen mit dem Besenstiel.
Des Abends kehre ich heim, flieg nach Haus
und ruh mich aus.
Ja, ich bin die Hexe Gütlich,
und ich mach's mir gemütlich,
und das mache ich so:

Begleitende Körperübungen

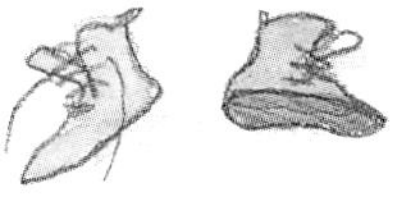

Ich lege mich auf eine weiche Decke
auf meinen Rücken mit Entzücken.
Ich strecke alle viere aus,
denke: „Wie schön, endlich zu Haus."
Dann hebe ich mein rechtes Bein,
bewege es, spür sein Gewicht – und puuh:
Dann lege ich es wieder ab, zur Ruh.
Dann hebe ich mein linkes Bein,
bewege es, spür sein Gewicht – und puuh:
Dann lege ich es endlich ab, zur Ruh.
Ich spüre meine Beine auf dem Boden liegen,
sie sind warm und schwer,
und sie bewegen sich jetzt nimmermehr.
Dasselbe geschieht mit beiden Armen,
dem rechten und dem linken,
auch sie kann man anheben,
sie bewegen, damit winken,
dabei spüre ich auch ihr Gewicht – und puuh:
Dann lege ich sie endlich wieder ab, zur Ruh.

Zum Schluss kommt der Kopf, der ist ganz schön schwer,
ich hebe ihn an, halte ihn so lange,
bis es geht nimmermehr,
puuh:
Dann lege ich auch ihn zur Ruh.
Ich bin die kleine Hexe Gütlich
und liege ganz gemütlich,
mein Körper ist ruhig, warm und schwer,
und ich bewege mich nimmermehr.
Im Gegenteil, ich mach die Augen zu,
atme ruhig und komm zur Ruh.
Und nach einer kleinen Weile
beginne ich wieder, ganz ohne Eile
zu gähnen und mich zu recken und zu strecken,
um all meine Lebensgeister wieder zu wecken.

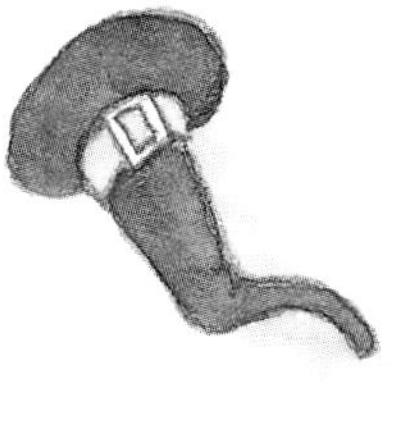

2 Entspannungsgeschichten und Körperübungen für Kindergartenkinder

In diesem Kapitel sind Geschichten, Spiele und körperliche Übungen für Kinder im Kindergartenalter ab etwa dem 4. Lebensjahr. Kinder diesen Alters lieben Geschichten, die sich mit ihrer Welt befassen. Und hier haben sie die Funktion, sie auf körperliche Übungen innerlich einzustimmen und vorzubereiten. Das Beste ist, die Geschichten einfach nur mit ruhiger Stimme vorzulesen, und es ansonsten den Kindern selbst zu überlassen, ob sie sich dabei hinsetzen oder hinlegen möchten, und ob sie dabei die Augen schließen möchten oder nicht. Die Geschichten sind unterschiedlich lang, und je nach Alter der Kinder kann es sinnvoll sein, während des Vorlesens innezuhalten, und mit ihnen das bisher Gehörte noch einmal zu besprechen.
Was die körperlichen Übungen angeht, so entspricht ihr Schwierigkeitsgrad einem gesunden, normal körperlich belastbaren Kindergartenkind. Was die Verweildauer in der einzelnen Übung angeht, so wurde bewusst auf eine Zeitangabe verzichtet. Die Kinder entscheiden selbst, bleiben so lange in diesen Haltungen oder Bewegungsabläufen, wie es ihnen Freude macht und gut tut.

Wichtig:
In diesem Kapitel finden sich so genannte „Umkehrübungen", also Übungen, in denen Kopf und Brustraum tiefer gelagert sind als das Becken. Hierzu zählt „Der Hase duckt sich" („Hase Hoppel", „Wo ist das blaue Osterei?"). Solche Körperhaltungen sind für Kinder mit Asthma nicht bzw. nur eingeschränkt geeignet.

Der kleine zappelige Hase Hoppel

Gerade für die kleinen „Zappelmänner" ist dies eine hervorragende Geschichte und Übungsreihe. Sie werden mit dem Wert der Ruhe bekannt gemacht, lernen, wie sie sich nach anfänglichem „Abzappeln" beruhigen können, und werden am Ende der Übungsreihe auch noch belohnt. Na, wenn das keine überzeugenden Argumente sind ...

Geschichte

Der kleine Hase Hoppel lebte mit seiner Familie auf einer großen Wiese. Der kleine Hase Hoppel war noch gar nicht so furchtbar lange auf der Welt. Ja, eigentlich war er noch ein richtiges Hasenkind, das sehr neugierig durch die Welt hoppelte, fest entschlossen, jede Menge Abenteuer zu erleben.

Von seiner Mutter hatte er bereits gelernt, dass sein dichtes braunes Fell für ihn eine gute Tarnung sein konnte, wenn er über das freie Feld lief. Und wenn er sich dann noch duckte und seine langen Ohren anlegte, dann wurde er fast unsichtbar! Darauf war er natürlich sehr stolz. Aber am meisten stolz war er auf seine langen Hinterbeine, mit denen er richtig große Sprünge machen und Haken schlagen konnte. Hei, war das toll, wenn er mit seinen Brüdern und Schwestern und Freunden über das freie Feld jagte. Ja, er war dabei einer der schnellsten und geschicktesten Läufer.

Der Hase Hoppel hatte viele Freunde, er war sehr beliebt. Mit einer Sache ging er allerdings allen auf die Nerven: Er war so zappelig. Abends zum Beispiel, wenn sich die ganze Familie fest aneinander kuschelte und schlafen wollte, dann fing er an zu zappeln. Sein Vater war deswegen schon richtig böse mit ihm. Nicht nur, weil er sich und alle anderen am Schlafen hinderte: Es war auch gefährlich. Wenn der Fuchs kommt oder der Jäger, dann muss sich so ein Hase manchmal „unsichtbar" machen können, man muss

sich ducken und still sitzen können. Tja, und genau das fiel ihm so schwer.
Seine Mutter war mit ihm nicht allzu böse deswegen: „Er wird das schon noch lernen", sagte sie immer. „***Er ist schon ruhig und still, wenn er will!*** Er braucht nur einen guten Grund." Und damit hatte sie – wie immer – Recht! Denn eines Tages geschah Folgendes:
Der kleine Hase Hoppel war auf einer wunderschönen grünen Wiese. Wie herrlich die Blumen aussahen, und wie sie erst dufteten. Ihr Duft zog nicht nur unseren Hoppel an, sondern auch viele emsige, summende Bienen, leuchtende Käfer und viele bunte, zarte Schmetterlinge. Und die Schmetterlinge, die hatten es unserem Hasen Hoppel angetan. Er war ganz verrückt nach ihnen. Er hätte es so gerne gehabt, dass sich ein Schmetterling mal auf seine Nase oder sein Ohr oder seine Pfote setzte. Aber immer, wenn er sich einem dieser schönen Schmetterlinge rasch näherte, flatterten sie davon.

Er merkte schnell, dass es an seinen hektischen Bewegungen lag, die die Schmetterlinge verjagten. Er musste sich ihnen ganz langsam und ruhig nähern, sich regelrecht heranschleichen, als wäre er eine Katze. Aber wie soll ein zappeliger Hase sich ruhig bewegen oder gar ganz ruhig sitzen oder liegen? Der kleine Hoppel war schon recht mutlos. Er hatte alles Mögliche probiert, ja, sich sogar geduckt und unsichtbar gemacht, aber der Schmetterling flog immer wieder auf und davon, dabei sah es fast so aus, als mache er sich sogar ein wenig lustig über diesen kleinen, verrückten, zappeligen Hasen.
Und so ließ sich Hoppel irgendwann einfach ins Gras plumpsen, streckte seinen Bauch zur Sonne hinauf und ruhte sich erst mal aus.
Er war richtig müde, seine Arme und Beine waren richtig schwer von der Jagd nach dem Schmetterling. Und so fielen

unserem kleinen Hasen die Augen zu. Er atmete jetzt ganz ruhig und regelmäßig ein und aus und ein und aus ✧ ✧ ✧. Sein kleiner Bauch hob und senkte sich mit dem Atmen. Und dann geschah es:
Der Schmetterling flog heran und – setzte sich dem kleinen Hasen Hoppel mitten auf den Bauchnabel. Der kleine Hase merkte das sofort, aber er war ja so froh, dass der Schmetterling endlich bei ihm war, dass er sich ganz große Mühe gab, ruhig zu bleiben. Und so atmete er weiterhin ruhig und regelmäßig ein und aus und ein und aus.
Und dann fiel ihm plötzlich wieder der Satz von seiner Mutter ein, die gesagt hatte: „Er ist schon ruhig und still, wenn er will!" „Genau so ist es", dachte da unser kleiner Hase ganz erleichtert. ***„Ich bin ganz ruhig und still, wenn ich will!"*** Und weil's so schön war, gleich noch einmal: ***„Ich bin ganz ruhig und still, wenn ich will!"*** Tja, und weil es so schön war, saß der wunderschöne Schmetterling ganz lange auf seinem Bauch, und der Hase Hoppel war sehr glücklich!

Und so war es bei ihm in der Zukunft auch, sogar beim Einschlafen war er ruhig und still, wenn er es wollte. Sein Vater warf seinem zappeligen Sohn zwar immer noch hin und wieder einen ärgerlichen Blick zu, aber längst nicht mehr so oft wie früher. Denn schließlich hatte er es ja auch bemerkt, dass der kleine Hoppel etwas sehr Wichtiges gelernt hatte.

Begleitende Übungen

In dieser Übungsreihe geht es darum, dass die Kinder allmählich zur Ruhe finden. Die Erfahrung hat uns gelehrt, dass es sinnvoll ist, wenn sie zunächst einmal Gelegenheit haben, sich so richtig abzutoben oder hier: „abzuzappeln". Ebenso wenig wie in einen vollen Korb noch etwas hineingeht, können Kinder, die unter innerer Anspannung stehen, „einfach so" entspannen. Es bedarf einer Spannungsabfuhr, um sich überhaupt auf sich, auf seine Gefühle, die Stille im eigenen Innern und den inneren Bildern – hier der Fantasieschmetterling, der letztlich auf dem Bauchnabel sitzt – einlassen zu können.

Mentale Einstimmung:
Die Kinder überlegen gemeinsam, wie sich ihre „innere Unruhe" anfühlt, und wie sie sonst damit umgehen. Auch die Reaktionen ihrer Umgebung, die sie aufgrund ihrer Unruhe ernten, könnten besprochen werden, ebenso wie etwaige Hilfen, die die Kinder bereits selbst oder durch andere herausgefunden haben, um zur Ruhe zu finden.

Körperübungen:
1. Der Hase Hoppel liegt im Gras und ist ganz stolz auf seine langen Beine:
- mit den Beinen strampelnd „Rad fahren", dann
- mit Armen und Beinen zappeln und strampeln. Kurz in der Rückenlage ausruhen.

- Rückenlage, die Hände und Arme sind in Schulterhöhe lang auf dem Boden ausgestreckt. Beide Beine sind angewinkelt. Die Kinder lassen beide Knie zuerst zur rechten Seite sinken, dabei drehen sie den Kopf nach links. Sie bleiben einige ruhige Atemzüge so liegen, dann kehren sie mit Kopf und Knie wieder zur Mitte zurück und wiederholen die Übung nach der anderen Seite.

Je nachdem, wie „stolz" der Hase Hoppel auf seine Beine ist, kann die Übung ruhig noch ein- oder zweimal wiederholt werden. Übrigens: Wenn die Kinder die Seiten rechts und links verwechseln, ist es auch nicht schlimm. Wichtig ist, dass sie den Kopf nach der den Knien gegenüberliegenden Seite drehen. Anschließend ruhen sich die Kinder noch kurz in der Rückenlage aus, dann richten sie sich auf zum Sitzen.

2. Da entdeckt er einen bunten Schmetterling vor sich im weichen Gras sitzen. Vorsichtig nähert er sich ihm mit seinen Pfoten:
- aufrechter Sitz, die Beine sind gegrätscht, dann
- Handflächen vor sich auf den Boden legen, langsam mit den Fingern nach vorn „krabbeln". In der Bauchlage ausruhen.

3. Vielleicht setzt er sich ja auf meine Nase?

Die „Yoga-Kobrahaltung“: Die Kinder liegen auf dem Bauch und richten langsam Oberkörper und Kopf auf, achten aber darauf, dass Fußrücken, Beine und Becken weiterhin Bodenkontakt haben. Die Füße bleiben möglichst dicht nebeneinander liegen. Sie unterstützen mit den Händen die Rückbeuge, indem sie sich mit ihnen etwas vom Boden abstützen; die Ellenbogen bleiben dicht am Körper und sind angewinkelt. Sie schauen bei der Übung hoch zur Decke, atmen weiterhin ruhig und regelmäßig.
Anschließend langsam wieder in die Bauchlage zurückkehren, ausruhen.

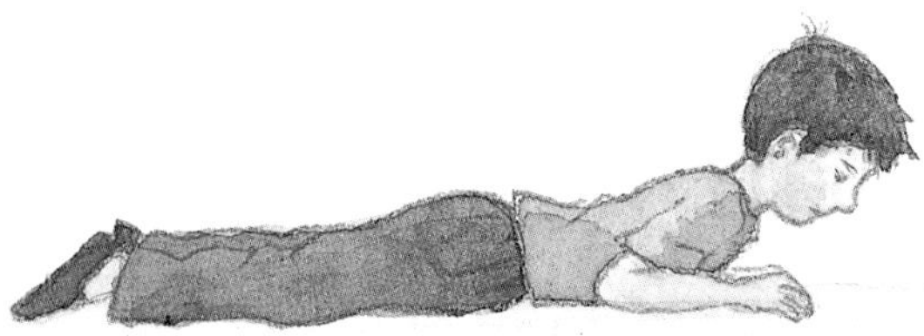

4. Da fliegt der freche Schmetterling ja tatsächlich zu den Hinterpfoten des kleinen Hasen!

Wie oben: Die Kinder versuchen in der „Kobrahaltung“ über die Schultern nach hinten auf ihre Füße zu blicken. Erst über die eine, dann die andere Schulter.
Anschließend wieder in der Bauchlage ausruhen.

5. Er duckt sich:

Bitte beachten: Die gesamte Übung 5 dauert maximal 1–2 Minuten.

– Die „Yogamudrahaltung – zusammengerolltes Blatt“: Die Kinder rollen sich so zusammen, dass der Po auf den Fersen ruht, die Stirn befindet sich vor den Knien am Boden, die Hände liegen neben den Füßen an den Seiten.

- *Jetzt hält er dem Schmetterling seine langen Ohren hin:*
  im „zusammengerollten Blatt“ die Finger verschränken und die lang ausgestreckten Arme hinter dem Rücken etwas anheben, nur 2–3 Atemzüge halten,
- *dann macht er sich wieder ganz „unsichtbar“!*
  Wie oben: Arme (= Ohren) langsam wieder senken, sie ruhen neben den Füßen am Boden.

Anschließend werden die Kinder gebeten, sich ***langsam*** aufzurichten und im aufrechten Fersensitz auszuruhen.
Aber wo ist der Schmetterling denn jetzt? Ach, da fliegt er ja ganz frech um den Hasen Hoppel herum!

6. Vielleicht erwischt er ihn ja mit seinen Pfoten?
Kniestand, die Arme werden seitlich in Schulterhöhe angehoben. Die Kinder drehen sich abwechselnd nach links und nach rechts, wobei sie immer auf den Handrücken in Bewegungsrichtung blicken.

7. Jetzt ruht sich alles aus – und siehe da, der Schmetterling kommt!
Rückenlage, der Hase Hoppel schließt die Augen und atmet ganz ruhig ein und aus und ein und aus ... Sagt euch: ***„Ich bin ganz ruhig und still, weil ich es so will.“***
Und was geschieht? Der Schmetterling setzt sich auf seinen Bauchnabel und wird durch die Atembewegungen der Bauchdecke geschaukelt. Wetten, dass es unserem Schmetterling gefällt? Und dem Hasen Hoppel auch! Und jeder ist *„ganz ruhig und still, weil er es so will“*.
Die Kinder anschließend fragen, wie „ihr“ Fantasieschmetterling ausgesehen hat!

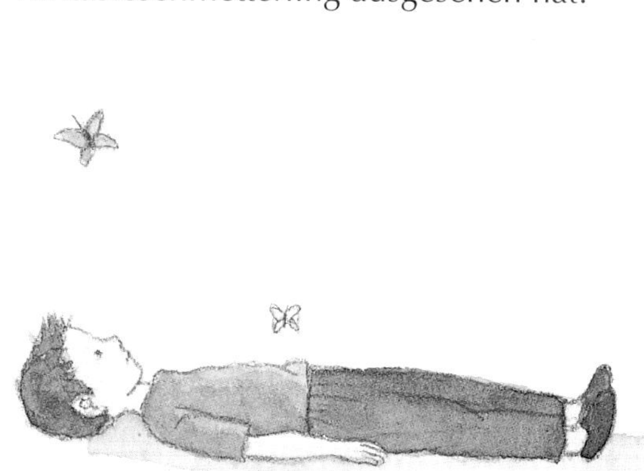

Weiterführung

Die Kinder dürfen in der darauf folgenden Stunde diese Übung noch einmal wiederholen. Und zum Schluss stellen sie sich zusätzlich vor, dass eine wunderschöne Blume aus ihrem Bauchnabel wächst. Diese Blume lockt dann den Schmetterling an. Mit 5- bis 6-jährigen lässt sich eine solche Fanatsieübung schon recht erfolgreich durchführen. Anschließend können sie ihre Blume und ihren Schmetterling malen, wenn sie möchten. Und wie schön ist es erst, wenn sie dann die Augen öffnen und tatsächlich ein kleiner Schmetterling (z. B. aus Papier) auf ihrem Bauchnabel liegt. Ruhige, meditative Musik am Ende einer Übungsreihe (wenn der Schmetterling kommt) kann den Kindern zu mehr Ruhe verhelfen.

Bastelanleitung:

Mit einem einfachen farbigen Pfeifenreiniger und einem rechteckigen Stück buntem Transparentpapier kann man einen wunderschönen Schmetterling basteln. Das Transparentpapier wird in der Mitte so zusammengefasst, dass die beiden Seiten rechts und links wie Flügel aussehen.
Der Pfeifenreiniger wird in der Mitte so geknickt, dass beide Enden nach oben weisen. Nun wickelt man den Pfeifenreiniger so um das Transparentpapier, dass er aussieht wie der Körper eines Schmetterlings. Die nach oben zeigenden Enden des Pfeifenreinigers bilden den Kopf und die Fühler.

Ist Klaus zu Haus?

Diese Geschichte und Übungsreihe fordert dazu heraus, sich mit den Kindern über ihre Ängste, das „In-sich-selbst-Zurückziehen" und über Angstbewältigungsstrategien auszutauschen. Das Thema „Zeit" und „mach doch mal langsam" wird ebenfalls angeregt. So kann man mit den Kindern überlegen, wie es wäre, wenn wir uns alle im Schneckentempo durch die Welt bewegen würden.

Geschichte

Klaus ist eine Schnecke. Genauer gesagt: eine kleine Schnecke. Eine von denen mit einem hellbraunen weichen Körper und einem schwarzgelb gestreiften Schneckenhaus auf dem Rücken. Und wie alle Schnecken kann er sich vollständig in sein Schneckenhaus zurückziehen.

Und früher war Klaus fast immer zu Haus – in seinem Schneckenhaus. Er war zu der Ansicht gelangt, dass er viel zu weich und viel zu verletzlich für die gefährliche Welt war. Und so zog er sich mehr und mehr in sein Haus zurück und machte es sich darin gemütlich. Manchmal blieb er so lange darin, bis sich über dem Hauseingang eine weiße dünne Schutzschicht bildete. Diese Schutzschicht war wie eine fest verschlossene Tür, sie schützte bei längerer trockener Witterung vor dem Austrocknen und vor ungebetenen Gästen.

Natürlich musste er manchmal auch sein Haus verlassen, wenn er Hunger hatte zum Beispiel. Dann streckte er zunächst ganz vorsichtig seinen Kopf nach draußen. Mit seinen langen Fühlern am Kopf und den Augen an ihrer äußersten Spitze erkundete er zunächst sorgfältig, ob die Luft rein war. Erst dann schlüpfte er mit seinem ganzen Körper heraus und machte sich auf den Weg. Langsam. Ganz langsam, im Schneckentempo eben. Und sein Haus auf dem Rücken hatte er immer dabei.

Klaus hätte dieses langweilige Leben wohl noch lange so weitergeführt, wenn nicht eines Tages Folgendes passiert wäre: Er hatte wieder einmal tagelang geschlafen, bis ihn endlich sein knurrender Magen zwang, sein Schneckenhaus zu verlassen. Da half nichts: Er musste aus dem Haus raus. Da er schon so lange nicht mehr draußen gewesen war, wusste er überhaupt nicht mehr, wo er eigentlich war und wie seine Umgebung zuletzt ausgesehen hatte.

Langsam tastete er sich nach außen, prüfte mit seinen Fühlern erst einmal die Beschaffenheit des Bodens unter sich, tastete sich nach rechts und links, bis er es endlich wagte, ganz aus seinem Haus herauszukommen. Und dann sah er etwas Unerwartetes: Da saß doch direkt vor ihm eine andere Schnecke. Und die sah auch noch so aus wie er! Tatsächlich hatte unser kleiner ängstlicher Klaus bisher nur selten andere Schnecken kennen gelernt.

Wie denn auch, wenn er immer zu Hause saß? Und er hatte nie eine große Lust danach verspürt. Aber diese Schnecke sah ja genauso aus wie er! Und sie schien ebenso erschreckt zu sein.
Um sie zu beruhigen, streckte er seine Fühler nach ihr aus. „Guten Tag!", hieß dies in der Schneckensprache. Doch gerade in diesem Moment prasselte plötzlich ein solcher Regen vom Himmel, dass sich beide erschreckt in ihr Schneckenhaus zurückzogen. Aber eigentlich war dies ganz gut. Beide konnten nun in Ruhe darüber nachdenken, ob sie die andere Schnecke kennen lernen wollten oder nicht.

Klaus jedenfalls war neugierig geworden. So neugierig, dass er seine Angst vor der Welt draußen vergaß und aus seinem Haus wieder herauskam, als der Regen nachließ. Und auch die andere Schnecke hatte bereits neugierig wieder den Kopf herausgestreckt. Die beiden beschlossen, zunächst einmal ein trockenes Plätzchen aufzusuchen. Seite an Seite krochen sie in die wärmende Morgensonne. Leckere Gräser und Blumen forderten sie unterwegs zu einem kleinen Picknick auf. Beide waren richtig glücklich. Endlich hatten sie jemanden gefunden, mit dem sie gemeinsam herumkriechen konnten.
Und wenn sie sich doch in ihr Schneckenhaus zurückzogen, so blieben sie dicht an dicht und konnten durch die dünnen Wände die andere Schnecke spüren.

Sie atmeten ganz ruhig und regelmäßig ein und aus und ein und aus ... Mit der Zeit merkte der kleine ängstliche Klaus, dass er immer weniger Angst hatte. ***„Mal komm ich raus, mal bleib ich zu Haus",*** dachte er sich nun, und so erkundete er mit seiner neuen Freundin die Welt – langsam, im Schneckentempo natürlich. Und sein Haus, ja sein Haus, das hatte er immer bei sich.

Begleitende Übungen

Mentale Vorbereitung:
(je nach Alter- und Entwicklungsstand – Vorschläge):

– *So, wie sich eine Schnecke ängstlich in ihr Schneckenhaus zurückzieht, gibt es auch Menschen in bestimmten Lebenssituationen, die sich ängstlich in sich zurückziehen:*
Kenne ich eine solche Situation von mir selbst?
Nähe, Spüren, langsames Vorgehen kann diesen Menschen helfen, wieder aus sich herauszukommen.
Was hilft mir, wenn ich Angst habe?

– *Die Identifikation mit einer Schnecke fordert sehr langsame Bewegungsabläufe:*
Wie geht es mir damit, wenn ich plötzlich „langsam machen“ soll?
Wo in meinem Leben würde ich gerne „langsamer machen“?

Körperübungen:
Die Kinder spielen nun die Bewegungs- und Erlebniswelt einer Schnecke durch Körperhaltung und Bewegung nach. Zwischen den einzelnen Übungen erhalten die Kinder immer wieder Gelegenheit, sich auszuruhen und dem eben Erlebten nachzuspüren.

Vorschläge:

1. Die Schnecke ruht in ihrem Schneckenhaus:
Das Kind liegt zusammengerollt auf der Seite. Auf ihm liegt eine Decke, die es wie in einer warmen Höhle (Schneckenhaus) schützend umgibt. Das Kind atmet und fühlt in sich hinein.

2. Sie wird langsam wach:
Aus der Seitenlage in das „zusammengerollte Blatt“ wechseln. Hierbei ruht der Po auf den Fersen, der Kopf befindet sich vor den Knien am Boden, die Hände seitlich neben den Füßen auf der Erde. Das Kind atmet und fühlt in sich hinein.

3. Langsam, vorsichtig und neugierig streckt sie die Fühler aus:

- Im „zusammengerollten Blatt“: Mit den Händen ganz langsam nach vorn krabbeln. Die Kinder schauen auf ihre Hände.
- Mit den Händen nach rechts krabbeln, sich dehnen.
- Nach links. Dabei die Bodenstruktur unter den Fingerspitzen spüren. Mit den Fingerkuppen „sehen“!
- Dann kommt die Schnecke ganz aus ihrem Haus heraus: Die Kinder ruhen sich mit lang ausgestreckten Beinen in der Bauchlage aus.

4. Klaus begegnet der anderen Schnecke. Er sagt ihr „Guten Tag“ in der Schneckensprache. Partnerübungen:

In der Bauchlage mit lang ausgestreckten Armen:

- Die Hände betasten sich gegenseitig aufmerksam:
- Je nachdem, wie groß das (Selbst-)Vertrauen der Kinder gereift ist, können sie auch gegenseitig Arme, Gesicht und Rücken betasten. Dabei spüren sie die Wärme, die Nähe und den Atem des anderen Kindes.

5. Ein Regenschauer prasselt plötzlich vom Himmel:
Auf allen vieren erst mit den Fäusten (ganz starker Regen), dann mit den flachen Händen (klatschender Regen) und zuletzt mit den Fingerkuppen (Regen lässt nach) auf den Boden trommeln.

6. Die Schnecken ziehen sich in ihr Haus (wieder ganz unter die Decke) zurück – nachspüren:
Wie fühle ich mich jetzt?

7. Die beiden Schnecken kommen langsam wieder aus ihrem Haus heraus:
Wieder die Bauchlage einnehmen mit
- zuerst lang gestreckten Beinen
- nach vorne gestreckten Armen.

8. Die beiden Schnecken orientieren sich vorsichtig nach oben, nach rechts und nach links:

- *Die „Yoga-Kobrahaltung":* Die Kinder liegen auf dem Bauch und richten sich langsam auf, achten aber darauf, dass Fußrücken, Beine und Becken weiterhin Bodenkontakt haben. Die Füße bleiben möglichst dicht nebeneinander liegen. Sie unterstützen mit den Händen die Rückbeuge, indem sie sich etwas vom Boden abstützen; die Ellbogen bleiben dicht am Körper und sind angewinkelt. Sie schauen bei der Übung nach oben, atmen weiterhin ruhig und regelmäßig.
- Dann blicken sie in dieser Haltung nach rechts und nach links. Anschließend in der Bauchlage ausruhen.

9. Seite an Seite beschließen sie, sich auf den Weg zu machen:
Jedes Kind entscheidet selbst, wie dicht es den Partner an sich heranlassen möchte. Die Kinder krabbeln zunächst zu zweit durch den Raum, später können sie auch Dreier- oder Vierergrüppchen und mehr bilden. Ihre Bewegungsabläufe sind sehr langsam, bewusst, meditativ.

10. Die beiden Schnecken ruhen Seite an Seite in der Sonne:
Wieder zu zweit. Auch hier entscheidet das Kind selbst, wie nah es den anderen an seine Seite lassen möchte. Die Kinder spüren den Atem und die Wärme des anderen Kindes. ***Alle atmen jetzt ganz ruhig und regelmäßig ein und aus und ein und aus ... „Mal komm ich raus, mal bleib ich zu Haus!"***

11. Abschluss – für die etwas älteren Vorschulkinder:

Jedes Kind legt sich noch einmal so hin, wie es möchte, und stellt sich mit geschlossenen Augen sein Schneckenhaus vor:

Langsame, meditative Musik kann die Vorstellungsbildung unterstützen.

So, und nun schließt bitte noch einmal die Augen ... Atmet ganz ruhig und regelmäßig ein und aus und ein und aus ...

Stell dir jetzt dein Schneckenhaus vor, so, wie es von innen aussehen könnte:

Wie viel Platz hast du darin ...?

Ist es hell oder dunkel ...?

Welche Farbe hat dein Schneckenhaus ...?

Stell dir dein Schneckenhaus so vor, wie es dir am besten gefällt ...!

Sage dir: ***„Hier bin ich zu Haus."***

Denn hier ist dein innerer Ort der Kraft, in den du dich zurückziehen kannst, wenn du möchtest ... So, nun kommen wir wieder aus dem Schneckenhaus heraus! Wir atmen wieder etwas tiefer ein und aus, bewegen langsam wieder die Hände und Füße, gähnen, recken und strecken und dehnen uns, und öffnen die Augen.

„Mal bleib ich zu Haus, mal komm ich raus!"

Kinder ab dieser Altersstufe mögen Fantasiereisen und fantastische Vorstellungen, wenn sie sich darauf einlassen. Hier liegt die eigentliche Herausforderung für den Übungsleiter: Es ist sehr wichtig, die Kinder hier nicht zu überfordern, sondern ihnen die Übungen in ganz kleinen Schritten nahe zu bringen. Eine Minute „sein inneres Schneckenhaus" wahrnehmen ist anfangs völlig ausreichend. Später können die Übungen behutsam ausgedehnt werden, zwei Minuten, drei, vier Minuten lang.

Manche Kinder kommen mit der Decke auf dem Rücken nicht so gut zurecht, wenn sie sich darunter bewegen sollen. Man kann ersatzweise vorübergehend ein Kissen anbieten, welches sie sich auf den Rücken legen können.

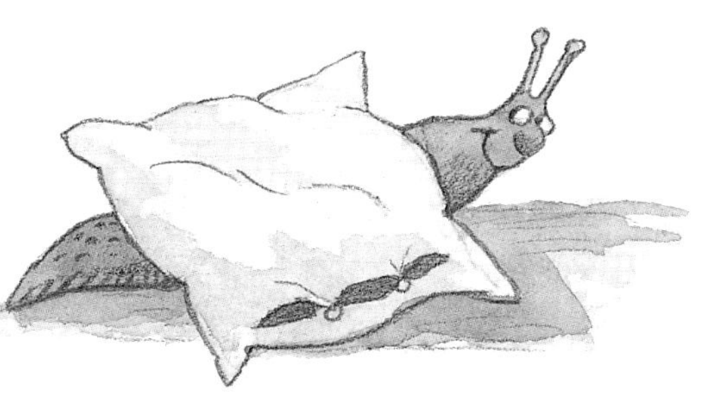

Die Traumblume

Bei dieser „bewegten" Geschichte gibt es eigentlich keine fest vorgeschriebenen Bewegungen und Haltungen. Die Kinder können hier experimentieren, sich mit neuen Bewegungsmustern und -abläufen erfahren, indem sie ihr innerstes Erleben durch äußere Bewegung ausdrücken. Am besten gehen Sie so vor, dass Sie den Kindern die Einführungsgeschichte langsam vorlesen. Ein „richtig echter" Löwenzahn zum vorsichtigen Berühren, Betasten und dran Schnuppern würde die Geschichte und das Verständnis der Kinder unterstützen. Die Einführungsgeschichte geht dann in Bewegungsabläufe über.

Geschichte

Kennst du den gelben Löwenzahn? Mit seinen langen grünen gezackten Blättern? Du kennst ihn bestimmt. Er ist überall zu finden: auf Wiesen, Äckern, am Wegesrand, ja manchmal sogar zwischen Eisenbahnschienen.

Der Löwenzahn ist eine ganz besondere Blume. Nicht nur, weil man aus seinen Blättern einen sehr gesunden Salat machen kann, der sogar gut schmeckt. Nein, das Besondere an dieser Blume ist, dass sich seine große gelbe Blüte alljährlich in eine Pusteblume verwandelt.
Eine Pusteblume, die aussieht, als würde sie aus vielen, vielen, kleinen silbergrauen Fallschirmen bestehen. Am unteren Ende der Fallschirmchen ist ein kleines braunes Samenkorn, und wenn der Wind weht, dann wird dieses Samenkorn mit seinem Fallschirm hoch in die Lüfte getragen. Es schwebt weiter und weiter, bis der Wind wieder etwas schwächer wird, und da, wo sich die Fallschirmchen auf die Erde niederlassen, entsteht eine neue wunderschöne gelbe Blume – ein Löwenzahn.

Begleitende Übungen

1. Der gelbe Löwenzahn. Noch ist seine Blüte geschlossen:
Die Kinder sitzen im Schneidersitz auf dem Boden. Sie bilden einen Kreis. Handelt es sich um eine größere Kindergruppe, so kann ein kleinerer Kreis in einem etwas größeren Platz haben. Die Kinder sitzen zusammengekauert mit nach vorne geneigten Oberkörpern.

2. Die Blüte öffnet sich:
Mit sehr langsamen und meditativen Bewegungen richten sich die Kinder zunächst auf und kommen in eine aufrechte Sitzhaltung.

3. Die Blüte lebt und reagiert:
Die Kinder fassen sich an den Händen. Einatmend heben sie ihre Hände/Arme hoch über den Kopf, ausatmend lassen sie sie wieder nach unten sinken. Diese Atemübung wird möglichst synchron mehrmals wiederholt.

4. Aus der gelben Blüte wachsen kleine Samenkörner mit ihren Fallschirmchen:
Jedes Kind richtet sich mit langsamen meditativen Bewegungen im eigenen Tempo zum aufrechten Stand auf.

5. Das Fallschirmchen:
Die Kinder breiten ihre Arme v-förmig über dem Kopf aus.

6. Es kommt ein Windstoß und die Fallschirmchen schweben durch die Luft:
Die Kinder lösen nun die Kreisformation auf. Jeder schwebt und tanzt für sich durch den Raum. Sie kreieren nun eigene, ihren Vorstellungen gemäße Bewgungsabläufe.
Meditative Musik unterstützt das Erlebnis. Dabei rufen sie: **„An meinem Fallschirm, ach wie fein – tanz ich in den Himmel hinein!"**

- *Das Fallschirmchen fliegt hoch in die Luft,*
- *es fliegt einmal im Kreis um einen Baum herum,*
- *es berührt eine Wolke,*
- *es wird von einem weiteren Windstoß angetrieben: schneller – höher!*

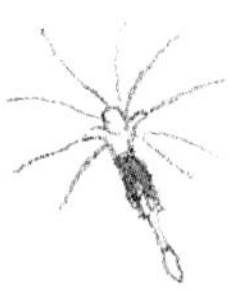

7. Die Fallschirmchen lassen sich auf einer Wiese nieder – Schlussentspannung:
Die Kinder suchen sich einen Platz im Raum, auf dem sie sich langsam niederlassen und hinlegen. Tja, da sind unsere Fallschirmchen nun aber weit gereist ... Sie sind richtig müde von der langen Luftreise ... Und darum machen wir es uns jetzt auch schön bequem und schließen die Augen ... Wir atmen ganz ruhig und regelmäßig ein und aus und ein und aus ... Und wir erinnern noch einmal das Lied **„An meinem Fallschirm, ach wie fein – tanz ich in den Himmel hinein!"** und denken an unsere weite Reise, daran, was wir alles so gesehen haben ...
die Wolke ... den Baum ... und die Wiese. Aber jetzt sind wir auf der Wiese angekommen. Es ist eine ganz besondere Wiese, eine Traumwiese nämlich! Du fühlst unter dir das weiche Gras ... über dir ist der blaue Himmel, die Sonne scheint warm auf dich herab ... Du atmest ruhig und regelmäßig ... Und auf dieser Traumwiese wird nun aus deinem Samenkorn mit dem Fallschirmchen eine Traumblume. Vor dir entfaltet sich eine wunderschöne Traumblume mit all den Farben, die du gerne magst. Schau sie dir nur ganz genau an ...! So, und nun atmen wir wieder etwas tiefer ein und aus. Wir recken und strecken und dehnen uns und gähnen und öffnen ganz langsam wieder die Augen. Setzt euch zunächst wieder im Kreis hin, damit wir uns von unseren Traumblumen erzählen können. Wie sahen sie aus?

Weiterführung

Im Anschluss an diese „bewegte“ Geschichte ist es ganz sinnvoll, den Kindern Gelegenheit zu geben, ihre Traumblume zu malen. Dieselbe meditative Musik, die bei der Entspannungsgeschichte den Hintergrund gebildet hat, wird dabei gehört, um sich besser an die Traumbilder erinnern zu können.

Bastelanleitung:

Aus weißem Schreibpapier wird zunächst ein Kreis ausgeschnitten. Dieser wird vom Rand her einige Zentimeter weit in regelmäßigen Abständen eingeschnitten. Das sollen die Blütenblätter einer Blume sein. Auf die einzelnen Blütenblätter werden nun ovale buntfarbige Papierblätter aufgeklebt, sodass das Ganze tatsächlich das Aussehen einer schönen Blume erhält. Jedes einzelne Blütenblatt wird nun von außen nach innen zusammengerollt. Legt man eine solche Blüte nun in eine Schale mit Wasser, kann man beobachten, wie sie sich im Wasser langsam öffnet. Eine wahre Zauberblume – oder?

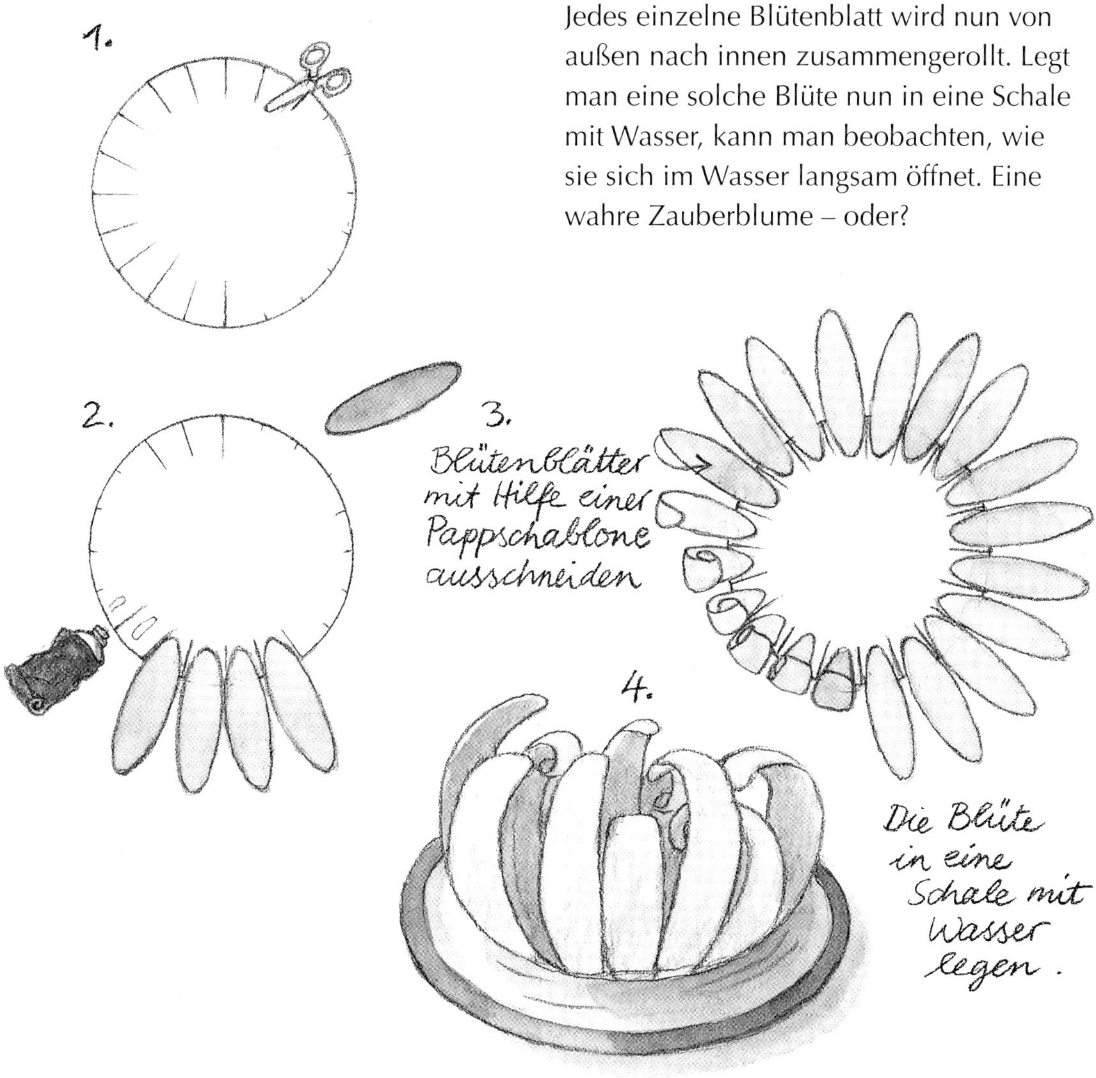

Wo ist das blaue Osterei?

Hier sind ein Spiel und die „mentale Vorbereitung" der Entspannungsgeschichte vorangestellt. Zentrales Thema dieser Kombination von Übungsreihe und Geschichte ist die Erinnerungsfähigkeit sowie die Tatsache, dass wir uns an Dinge und Ereignisse sehr viel besser erinnern, wenn wir bewusst ruhig und entspannt bleiben.

Spiel als Einstimmung

„Der Osterhase geht um" (eine Änderung des „Der Fuchs geht herum"): Die Kinder sitzen im Kreis. Ein Kind spielt den Osterhasen. Es läuft außen um die Kinder herum und lässt hinter dem Rücken von einem Kind ein blaues Watteei fallen.

– Wenn es dem Osterhasen gelingt, dass seine Tat von diesem Kind unbemerkt bleibt, kommt er nach einer neuen Runde wieder zu diesem noch immer ahnungslos dasitzenden Kind. Er darf ihm dreimal auf die Schulter klopfen

und es in die Mitte schicken mit den Worten: „Dupp, dupp, dupp ins faule Ei!“ Das Kind im faulen Ei wird erst befreit, wenn ein anderes hineingeschickt wird. Der Osterhase bleibt weiterhin Osterhase und wirft nun das Watteei heimlich hinter das nächste Kind.

- Wenn seine Tat bemerkt wird, muss dieses Kind aufspringen und versuchen, den Osterhasen zu fangen. Wird der Osterhase gefangen, muss er ins „faule Ei“. Natürlich will der Osterhase sich nicht fangen lassen. Er läuft also schnell um den Kreis herum und versucht sich auf den nun freien Platz des ihn verfolgenden Kindes zu setzen. Gelingt ihm dies, ist das nächste Kind nun der Osterhase.

Wichtig: Legen Sie am Ende des Spiels den blauen Wattebausch (oder das blaue Osterei) wie zufällig irgendwo hin. Achten Sie darauf, dass er unauffällig irgendwo liegt, die Kinder ihn jedoch sehen können.

Mentale Vorbereitung:

Mit den Kindern über die kommenden Ostertage und Feierlichkeiten sprechen. Was für eine Rolle spielt der Osterhase im Leben der Kinder? Wer versteckt bei den Kindern zu Hause die Ostereier? Und vielleicht ist es ja sogar schon einmal passiert, dass Wochen später irgendwo ein vergessenes Ei zufällig gefunden wurde. Zur Problematik in der Geschichte überleiten, in der der Osterhase vergessen hat, wo sich ein ganz bestimmtes Ei befindet.

Geschichte

„Eins, zwei, drei, vier, fünf – verflixt, da fehlt doch ein Ei!“ Aufgeregt wuselt der Osterhase zwischen seinen Körben hin und her. Er hat schon jede Menge Osterkörbchen gefüllt. In jedes kommen zehn Stück dieser bunten, in allen Farben leuchtenden Ostereier.

Eigentlich hatte er gehofft, dass er heute Nachmittag noch fertig werden würde. Und nun das: Es fehlt ein Ei. Und er weiß auch ganz genau welches! Es fehlt das blaue Osterei. Nur wieso? Das Ganze ist ihm wirklich ein Rätsel. Aber so schnell gibt ein Osterhase ja nicht auf, und so beschließt er, sich auf die Suche nach dem Ei zu machen.

Er sucht zunächst einmal die Wiese ab, schaut weit nach rechts und weit nach links. Nichts. Da kommt Quak, der Frosch, angehüpft. „Hast du ein blaues Osterei gesehen?“, fragt ihn der Osterhase hoffnungsvoll. Doch Quak schaut ihn nur mit großen Augen an. „Nein“, quakt er und hüpft weiter.

Dann sieht er einen Hund. Zunächst kriegt er es wie alle Hasen gehörig mit der Angst zu tun, aber dann erkennt er den alten Sam wieder. Der tut ihm nichts. „Hast du ein blaues Osterei gesehen?", fragt er ihn. Aber Sam wedelt nur freundlich mit dem Schwanz und schüttelt den Kopf. Er ist schon so alt und seine Augen sind schon lange nicht mehr die besten. Nein, er hat kein blaues Osterei gesehen.
Der Osterhase nähert sich dem Wald. Hier gibt es hohe Bäume, die sich im Wind nach links und nach rechts wiegen. Aber der Osterhase möchte zu einem ganz besonderen Baum, zu seiner Freundin, der weisen alten Eiche. Sie ist sehr groß, mit weiten Ästen und breiten Wurzeln in der Erde. Auch sie bewegt sich im Wind.
„Liebe Freundin", sagt er, „ich habe ein großes Problem, welches mich zu dir führt. Du weißt doch, morgen ist Ostern, und ich habe ein Osterei verloren. Und ich kann doch nicht einem Kind weniger Ostereier bringen als den anderen. Ich habe das Ei schon auf der Wiese gesucht und die Tiere, die mir begegnet sind, befragt. Aber sie konnten mir auch nicht weiterhelfen. Und so bin ich in meiner Not zu dir gehoppelt. Weißt du einen weisen Rat, liebe Eiche?"
Die Eiche hat seinen Worten schweigend gelauscht. Jetzt rauscht sie mit ihren Blättern. Und endlich lässt sie ihre Stimme hören. „Lieber Osterhase, es ist recht, dass du mich um Rat fragst, aber leider habe ich dein Ei auch nicht gesehen. Ich könnte natürlich die Vögel befragen, aber es sind noch nicht so viele da, denn sie sind noch nicht alle aus dem Süden zurück. Ich fürchte, da werden wir kein Glück haben. Welche Farbe hat dein Ei denn?"
„Blau", antwortet der Osterhase ganz leise. Er ist traurig, denn anscheinend kann die Eiche ihm auch nicht helfen. Entmutigt setzt er sich zu ihren Füßen. „Aber, aber", tröstet ihn die alte Eiche, „lass uns beide mal etwas versuchen. Vielleicht kann ich dir dabei helfen, dich daran zu erinnern, wo du dein blaues Ei gelassen hast. Setz dich oder am besten lege dich ganz bequem hin und schließe die Augen."

Das lässt sich der Osterhase nicht zweimal sagen. Sofort kuschelt er sich in das warme weiche Moos auf dem Waldboden, seine Pfoten legt er ganz zufrieden auf seinen Bauch. Die alte Eiche wird ihm schon helfen, das weiß er. Dann schließt er die Augen und lauscht wieder der Stimme seiner weisen Freundin:
„Atme nun erst einmal ganz ruhig und tief ein und aus und ein und aus ... Atme genau dahin, wo deine Pfoten liegen, in den Bauch nämlich ... Denke nur noch an den Bauch und deinen Atem, sonst an nichts ... Und nun gehe in Gedanken deinen Weg zurück, bis zu dem Zeitpunkt, als du bemerkt hast, dass dir ein Ei fehlt. Und dann gehst du noch weiter in deiner Erinnerung zurück, bis dahin, als du die Eier bei den Hühnern geholt hast. Atme dabei weiterhin ganz ruhig und regelmäßig ein und aus und ein und aus.
Atme ganz ruhig und fein, dann fällt dir alles wieder ein!“ Und schon fängt unser Hase an zu träumen: von den Bäumen im Wald, von Sam, dem alten Hund, von Quak, dem Frosch und von seiner Suche auf der Wiese. Er erinnert sich wieder an seine vielen Körbe mit den vielen bunten Eiern darin. Er denkt daran, wie er sie von den Hühnern gekauft und nach Hause geschleppt hat. Glücklicherweise waren sie bereits angemalt. Er kann sich selbst richtig sehen, wie er mit einem riesigen Tragekorb auf dem Rücken nach Hause wandert ... ***Und so atmet er ganz ruhig und fein, und dann fällt ihm alles wieder ein ...!***

An was sich der Osterhase da plötzlich erinnert hat, wissen wir nicht so genau, aber der Rat der alten Eiche war wirklich gut – gell? Denn nur, wenn wir ruhig bleiben, können wir uns erinnern.
Man könnte mit den Kindern gemeinsam überlegen, wo das blaue Osterei wohl geblieben ist. Es kann mit den Kindern zusammen eine weitere Geschichte erfunden werden, die sie dann in einer der nächsten Stunden nachspielen dürfen.

Begleitende Übungen

1. Der Osterhase zählt seine Eier:
Die Kinder sitzen im Schneidersitz und zählen an ihren Fingern bis zehn. Der Übungsleiter schummelt und zählt bei sich selbst immer wieder nur neun Finger. Ein Finger/ein Ei fehlt!

2. Was nun?
Bitte beachten: Die gesamte Übung 2 dauert maximal 1–2 Minuten.

- *Kaninchenhaltung:* Die Kinder verwandeln sich zunächst einmal in den Yoga-Osterhasen! Ausgangshaltung: Die Kinder rollen sich so zusammen, dass der Po auf den Fersen ruht, die Stirn befindet sich vor den Knien am Boden, die Hände liegen neben den Füßen an den Seiten.
- *Jetzt spitzt der Osterhase die langen Ohren:* In der Kaninchenhaltung die Finger hinter dem Rücken verschränken, dann die lang ausgestreckten Arme etwas anheben, nur zwei bis drei Atemzüge anhalten,

- *dann macht er sich wieder ganz klein!* Wie oben: Arme (= Ohren) langsam wieder senken, sie ruhen neben den Füßen am Boden.

Anschließend werden die Kinder gebeten, sich langsam aufzurichten und im aufrechten Fersensitz auszuruhen.

3. Vielleicht liegt das Ei hier irgendwo auf der Wiese?
Ganz theatralisch legen die Kinder die rechte Hand wie einen Schirm über die Augen und blicken weit, sich nach rechts und links drehend, umher.

4. Da kommt Quak, der Frosch:
Die Kinder gehen in die Hocke, die Knie weisen etwas nach außen und hüpfen wie ein Frosch quakend einmal im Kreis herum, bis sie wieder auf ihrem Platz angekommen sind. Quak hat auf seinem Weg kein Ei entdeckt. Im Sitzen ausruhen.

5. Da kommt Sam, der alte liebe Hund:
Die Kinder gehen auf alle viere. Hände und Füße haben Bodenkontakt, Knie sind leicht angewinkelt. Sie verweilen ruhig atmend in dieser Haltung, wedeln mit dem Schwanz (Becken leicht hin und her schaukeln), schütteln den Kopf: „Nein, ich habe das Ei auch nicht gesehen!"

6. Der Osterhase läuft zum Wald:
Die Kinder richten sich langsam und bewusst aus der „Hundhaltung" zum Stand auf.

7. Im Wald gibt es hohe schlanke Bäume, die sich im Wind wiegen:
Die Kinder strecken die Arme lang über den Kopf aus, die Handflächen liegen aneinander. Die Füße sind geschlossen. Mal neigen sie sich nun zur einen, dann wieder zur anderen Seite.

8. Die alte Eiche, mit weiten Ästen und breiten Wurzeln:
Die Yoga-Dreieckshaltung – Variante: Die Kinder grätschen die Beine (breite Wurzeln) und strecken die Arme in Schulterhöhe weit aus (weite Äste). Sie spreizen noch ein wenig die Finger (Zweige). Sie spüren den Bodenkontakt unter ihren Füßen und stellen sich ruhig vor, wie aus ihren Füßen Wurzeln in die Erde wachsen. Mit den Händen und Armen spüren sie in den sie umgebenden Raum, ruhig und regelmäßig atmend, und neigen sich wieder im Wind leicht nach rechts und nach links.

Natürlich möchten die Kinder jetzt darüber sprechen, was sie erlebt haben, und ob sie sich erinnern können, wo der blaue Wattebausch liegt.

9. Der Rat der alten Eiche – Schlussentspannung:
Übungsdauer ca. 2–3 Minuten.
Lege dich ganz entspannt hin und schließe die Augen ... ***Atme nun erst einmal ganz ruhig und tief ein und aus und ein und aus ... Atme genau dahin, wo deine Pfoten liegen, in den Bauch nämlich ... Denke nur noch an den Bauch und an deinen Atem, sonst nichts*** ...
Und nun gehe in Gedanken deinen Weg zurück, bis zu dem Zeitpunkt, als du bemerkt hast, dass dir ein Ei fehlt ...
Atme dabei weiterhin ganz ruhig und regelmäßig ein und aus und ein und aus. Erinnere dich an die Bäume im Wald, die sich im Wind nach links und rechts wiegen ... da ist Sam, der alte Hund ... träume von Quak, dem Frosch ... von der Wiese, auf der das Ei auch nicht lag. Und nun gehe noch weiter zurück, als ihr an den Fingern bis zehn gezählt habt ... Davor war das Spiel. Weißt du noch, wo ich (der/die ÜbungsleiterIn) den blauen Wattebausch hingelegt habe? Atme erst einmal ganz ruhig und tief ein und aus, und ein und aus ...
Atme ich so tief und fein, fällt mir alles wieder ein! Und wenn es dir nun einfällt, wo der Wattebausch liegt, dann behalte es aber für dich. Nichts verraten. Wir sprechen hinterher gemeinsam darüber ...
Nach einer kurzen Pause mit etwas lauterer Stimme: Und nun atmet etwas tiefer ein und aus, reckt euch und streckt euch, gähnt, öffnet die Augen und setzt euch hin.

Ich bin Schmuddelpuuh! – Und wer bist du?

Kindergartenkinder lieben diese Geschichte und „ihren Schmuddelpuuh" sehr. Finden sie doch hier die Gelegenheit, sich mit einem alltäglichen „Konfliktthema" spielerisch auseinander zu setzen. Und im Anschluss an die Geschichte können sie selbst erlebte „Schmuddelsituationen" nachspielen, sie in ihrer Fantasie ausleben und alle Spuren beseitigen – ohne Ärger, dank Schmuddelpuuh!

Geschichte
Kennst du Schmuddelpuuh? Nun, es gibt tatsächlich ein kleines Mädchen, das kann die Schmuddelpuuhs sehen. Oder nein, dieses kleine Mädchen kann „ihren" Schmuddelpuuh sehen.
Nathalie, so heißt dieses kleine Mädchen, braucht immer unheimlich lange zum Essen. Wenn alle in der Familie schon

längst fertig sind, wenn die Mutter bereits den Tisch abräumen möchte, dann sitzt Nathalie immer noch vor ihrem halb vollen Teller.
Es ist nicht so, dass ihr das Essen nicht schmeckt, ganz im Gegenteil. Aber sie gehört nun mal zu den Kindern, die gern langsam essen, weil sie dann mehr davon haben. Und außerdem lässt es sich beim Essen auch so schön träumen. Den Kartoffelbrei kann man in einen Hügel mit Schluchten und Straßen verwandeln. Die braune Soße wird zum Fluss und der Brokkoli zum Wald. Egal, was es zu Essen gibt, Nathalie fällt immer etwas Tolles ein. Da wird auf dem Teller hin und her gerührt, und so sieht es anschließend auf ihrem Platz auch aus: Alles ist verschmiert und verklebt!

Und das ist noch nicht alles. Nathalie ist ein sehr fröhliches Kind – sogar wenn es regnet. Dann kann sie gar nicht anders: Voller Freude hüpft sie mitten durch die Pfützen, spielt im Schlamm. Was sie auch tut, hinterher sieht man ganz genau, was sie gerade gemacht hat.
Natürlich könnte Nathalie auch anders, also auch ordentlich essen oder spielen. Aber sie will nicht. Nathalie hat ein Geheimnis: Schmuddelpuuh!
Es geschah an ihrem vierten Geburtstag. Nathalie erinnert sich an alles noch ganz genau: Als sie an ihrem vierten Geburtstag morgens erwachte und alle anderen noch schliefen, hielt sie es vor lauter Neugierde nicht mehr aus und schlich leise in die Küche. Mitten auf dem Tisch stand eine leckere Geburtstagstorte aus Schokolade

mit rosa und gelben Marzipanblumen und vier Kerzen. Und obendrauf saß: Schmuddelpuuh.
Sein Gesicht und seine Finger waren ganz braun von Schokolade und auch sein gelbes T-Shirt zeigte bunte Muster aus Schokolade und Marzipan. Und nicht nur das, auch der Tisch sah wild aus: alles voller Krümel. Bei Nathalies Anblick purzelte er vor lauter Schreck rückwärts vom Geburtstagskuchen und versteckte sich schnell in einer leeren Tasse. Aber es half nichts. Nathalie hatte ihn bereits gesehen und als sie neugierig in die Tasse schaute, erblickte sie den kleinen schmuddeligen Kerl. Er hatte große Kulleraugen, rote Haare und viel zu große Hände und Füße. Beide sahen sich lange neugierig an.
„Ich bin Schmuddelpuuh!", stellte er sich endlich vor. Nathalie war noch ganz verdattert und konnte gar nichts sagen. So ein Wesen hatte sie noch nie gesehen! „Was machst du hier?", fragte sie dann.
Schmuddelpuuh seufzte laut und verdrehte seine großen Kulleraugen. „Na ja, wenn du mich schon entdeckt hast, dann sollst du alles genau wissen." Mit diesen Worten kletterte er flink aus der Tasse heraus und setzte sich auf den Rand der Untertasse.
„Also, wie gesagt, ich bin ein Schmuddelpuuh. Und ich kenne dich schon lange. Wir Schmuddelpuuhs sind überall da, wo es schmuddelig ist, wo es Menschen gibt, die gern kleckern und klebrig sind. Genau genommen hat jedes Kind

seinen Schmuddelpuuh. Und es gibt auch viele Kinder, die ihren Schmuddelpuuh sehen können, so wie du jetzt. Wir sind wichtig, denn wir sorgen dafür, dass das Essen richtig schmeckt und Spielen Spaß macht. Jedes Kind weiß, dass das Essen dann am besten schmeckt, wenn man schmatzen darf, wenn man mit den Fingern isst und wenn man dabei träumt und kleckert.

Und beim Spielen ist es doch auch so. Nur leider gibt es immer mehr Kinder, die das nicht mehr tun. Sie lernen, ganz furchtbar sauber und ordentlich zu sein. Sie spielen nicht mehr richtig und sie essen immer schneller und schneller und dann schmeckt ihnen das Essen nicht mehr so gut. Und deshalb gibt es so viele Kinder, die immer mehr und mehr in sich hineinschlingen. Davon bekommen sie Bauchweh und vielleicht sogar kranke Zähne. Sie vermissen etwas, aber sie wissen nicht was.

Wir Schmuddelpuuhs lieben auch süße und klebrige Sachen, aber wir können ganz lange an einem Krümel träumen und knabbern. Ich mag dich!", schloss er seine lange Rede und sah Nathalie treuherzig an. „Hm, also dafür, dass du so lange an einem Krümel knabbern und träumen kannst, hast du hier aber ein ganz schönes Chaos veranstaltet", meinte sie streng. „Bestimmt werde ich dafür Ärger kriegen." „Wirst du nicht. Pass auf!" Mit diesen Worten sprang Schmuddelpuuh auf und kletterte wieder auf die Torte.

„Eene, meene, meck – schon ist alles schleck, äh, weg!", rief er. Und schon war wieder alles sauber und ordentlich, wie es sein sollte. Und nicht nur das, Nathalie rieb sich verwundert die Augen: Schmuddelpuuh war auch verschwunden. Hatte sie etwa geträumt? Als Nathalie am Nachmittag mit ihren Freunden Geburtstag feierte und es richtig hoch herging, mit Schokoladenpudding, Saft, Erdbeeren, Schlagsahne und Eis, und die Kinder mit glänzenden Augen und klebrigen Fingern sich so richtig voll stopften, da sah sie plötzlich wieder Schmuddelpuuh, wie er ihr hinter einer Tasse versteckt lustig zuzwinkerte. Nach dem Kindergeburtstagskaffee erfanden sie das „Schmuddelpuuhspiel":

Begleitende Übungen

Spiel

Die Kinder stehen im Kreis. Ein Kind ist Schmuddelpuuh. Es geht zu einem Kind seiner Wahl, stellt sich vor es hin und sagt: „Ich bin Schmuddelpuuh! Und wer bist du?" Das andere Kind sagt seinen Namen und erzählt, wann und wo es sich am liebsten schmuddelig macht, z. B.: „Ich bin Nathalie und springe am liebsten durch Regenpfützen." Mit den Worten springt es durch den Raum und alle anderen Kinder hüpfen hinterher. Schmuddelpuuh beendet das Gehüpfe, indem er ruft: „Eene, meene, meck – schon ist alles weg." Die Kinder stellen sich schnell wieder im Kreis auf, und Nathalie ist der neue Schmuddelpuuh. Sie wendet sich nun beispielsweise an ein Kind, welches berichtet, dass es gerne schmatzt (alle Kinder schmatzen laut), oder gerne Sandburgen baut, Hüpfseil springt, auf den Baum klettert usw. Jedes Mal stellen die Kinder diese Tätigkeit pantomimisch dar.

3 Fantasiereisen und Körperübungen für Grundschulkinder

Die hierzu gehörenden Übungsreihen dienen entweder zur Vorbereitung auf die Fantasiereise, oder sie runden anschließend das soeben im Innersten Erlebte ab. Länge und Schwierigkeitsgrad sind ebenfalls auf die durchschnittliche Konzentrationsfähigkeit und Ausdauer eines Schulkindes abgestimmt.
Die „Abenteuerreise im Meer" und „Wo liegt Bagdad?" sind interaktive Fantasiereisen. Über bestimmte Zauberformeln sind die Kinder aufgefordert, bestimmte Probleme selbst zu lösen. Wichtig hierbei ist, ihnen genügend Zeit zur Entwicklung ihrer eigenen Fantasie einzuräumen. Es erfordert vom Übungsleiter durchaus Mut, die Kinder vorübergehend ihrer eigenen Bilderwelt zu überlassen, also selbst innerlich und äußerlich ruhig zu bleiben. Kinder lieben jedoch die Fantasiereisen, da sie im Gegensatz zu den Entspannungsgeschichten hierbei entspannt auf dem Boden liegen. Ob die Kinder dabei die Augen lieber auf oder zu lassen, sollte man den Kindern überlassen.
Meditative Hintergrundmusik kann den Kindern helfen, sich eher auf ihr inneres Erleben einzulassen. Auch ist es wichtig, immer mal kleine Gesprächspausen einzulegen. Geeignete Stellen sind mit „✧ ✧ ✧" gekennzeichnet. Im Vergleich zu den körperlichen Übungen für Kindergartenkinder sind diese hier detaillierter beschrieben, was die Ausführung, das Verweilen und das Wiederauflösen der Haltungen anbelangt.

Die drei Augen

Geschichte

Heute hat Lisa etwas ganz Besonderes vor. Sie wird ihre Oma besuchen. Und das ist etwas ganz Besonderes, denn so eine Oma wie Lisa hat niemand sonst. Na ja, eigentlich stimmt das so gar nicht. Denn diese Oma haben viele Kinder. Alle Kinder aus der Straße und auch andere, die weiter weg wohnen, besuchen diese Oma und sagen auch richtig „Oma" zu ihr. Es ist also eine Oma für viele Kinder, und das ist schon für sich allein gesehen etwas Besonderes.

Aber das ist noch nicht alles. Mitten in der Stadt, zwischen all den Hochhäusern, wohnt die Oma in einem kleinen Häuschen. Sie hat sogar einen kleinen Garten vor der Tür. Und wenn man ihr Häuschen betritt, dann riecht es immer so gut nach Kräutern und Früchten. Sie besitzt auch keinen Fernseher. „So was brauche ich nicht. Ich habe mein eigenes Kino im Kopf", sagt sie immer. Und wenn die Kinder sie besuchen, dann gibt es keine Schokolade oder Bonbons, dann gibt es etwas viel Besseres: Geschichten.
Ja, Lisas Oma kennt jede Menge Geschichten. Wenn das Wetter schön ist,

dann sitzen sie alle draußen im Garten unter dem alten Baum. Oder sie versammeln sich alle rund um den Küchentisch. Oder die Oma setzt sich in ihren Schaukelstuhl und die Kinder machen es sich dann auf dem Boden vor ihr gemütlich. Aber egal wo sie sitzen, immer zündet die Oma zu jeder Geschichte ein Licht an. Und die Farbe des Lichts verrät dann auch schon immer ein wenig über die Art der Geschichte:

Wenn es gelb ist, dann wird die Geschichte bestimmt lustig. Ein rotes Licht kündigt ein aufregendes Abenteuer an. Wenn das grüne Licht angezündet wird, dann sind es meistens wahre Geschichten von Menschen, die wirklich einmal hier auf der Erde gelebt und sehr viel Gutes getan haben.
Heute zündet die Oma ein violettes Licht an. Das bedeutet, heute kommt eine ganz besonders fantasievolle Geschichte, eine, bei der die Kinder oft innerlich ganz still werden und in ihre eigene bunte Bilderwelt gehen. Und diese Art von Geschichten mag Lisa ganz besonders.
„Heute erzähle ich euch die Geschichte von den drei Augen", beginnt Oma. „Drei Augen", staunt Max. „Ja, drei Augen", nickt Oma. „Jeder Mensch hat drei Augen. Sie heißen ‚Hell' und ‚Wach' und ‚Traumauge'. ‚Hell' und ‚Wach' sind die beiden Augen, die wir immer benutzen. Mit ihnen können wir lesen, die Welt betrachten, ja sogar lachen und weinen. ‚Traumauge' ist das Auge, welches nach innen blickt. Mit ihm betrachten wir zum Beispiel unsere Tag- und Nachtträume. Darum auch der Name ‚Traumauge'. Jeder Mensch hat dieses Auge. Man kann es nicht so ohne weiteres sehen. Es sitzt in der Mitte der Stirn, genau zwischen den Augenbrauen."

„Hier?" Peter tippt sich mit dem Zeigefinger an die Stirn. Es sieht lustig aus, und alle lachen. „Ja, genau hier", lacht Oma mit. „Und nun die Geschichte. Jedes Mal, wenn die beiden Augen ‚Hell' und ‚Wach' müde wurden oder auch ganz einfach keine Lust mehr hatten, Wache zu halten, war ‚Traumauge' an der Reihe und passte auf.

‚Traumauge' war eigentlich froh darüber, denn es fand, bei sich war es viel gemütlicher als bei den beiden Augen da unten. Wenn die beiden anderen Augen dabei waren, hatten sie es immer eilig. Sollten sie also nur in Ruhe schlafen, und es derweil wachen lassen. Wenn ‚Traumauge' wachte, dann geschahen wundersame Dinge. Es traf jede Menge Wesen aus der anderen Welt und den Märchen. Da gab es Riesen, Zwerge, Zauberer, Feen, Drachen, Prinzessinnen, Frösche und Engel. Und sie alle erzählten ‚Traumauge' ihre Geschichte von ihrer Welt. ‚Traumauge' liebte das, und ab und an traf es auch mal einen Freund, mit dem es sich eine schöne Zeit machen konnte.

Wenn also ‚Traumauge' merkte, dass die beiden anderen Augen müde wurden, dann murmelte es: „Macht die Augen zu und kommt zur Ruh. Gute Nacht, ihr beiden, schlaft schön ein, damit ich nimmer bin so allein!" Und tatsächlich, immer wenn ‚Traumauge' diesen Spruch leise flüsterte, dann wurden ‚Hell' und ‚Wach' müde und schlossen die Augen.

Macht die Augen zu und kommt zur Ruh. Gute Nacht, ihr beiden, schlaft schön ein, damit ich nimmer bin so allein", flüsterte Oma noch einmal ganz ganz leise. Und tatsächlich: Einige Augen der Kinder wurden müde und fielen zu. Sie schauten nun mit ihrem ‚Traumauge' nach innen. Lisa auch.

Begleitende Übungen

Körperübungen:

Unsere Augen müssen ab und zu trainiert werden, damit sie „hell" und „wach" und voll funktionsfähig bleiben. Wir tun das, indem wir mal nah, mal weit blicken, mal hoch, mal runter, mal nach rechts und mal nach links. Und damit es nicht zu langweilig wird und auch, um den Hals-Nacken-Schulter-Bereich zu entspannen (damit die Kopfzonen – also auch die Augen – besser durchblutet und ernährt werden), beziehen wir manchmal den ganzen Körper mit ein. Wir achten dabei auf einen ruhigen und regelmäßigen Atem:

1. Wir sitzen entspannt aufrecht und lassen die Augen von unten nach oben und wieder zurück wandern:

– Es bewegen sich nur die Augen, der Kopf bleibt ruhig.

- Während die Augen langsam hoch und wieder runter wandern, sich dessen bewusst sein, dass man alles sieht.
- Was ist näher, was ist weiter weg? (2- bis 3-mal)
- Danach schließen wir die Augen, damit sie sich entspannen.
- Übung wiederholen, aber den Kopf mit einbeziehen.

2. Wir sitzen entspannt aufrecht und lassen die Augen von rechts nach links und wieder zurück wandern:

- Es bewegen sich nur die Augen, der Kopf bleibt ruhig.
- Während die Augen langsam hin- und herwandern, sich dessen bewusst sein, dass man alles sieht.
- Was ist näher, was ist weiter weg? (2- bis 3-mal)
- Danach schließen wir die Augen, damit sie sich entspannen.
- Die Übung wiederholen, aber den Kopf mit einbeziehen.

3. Wir sitzen entspannt aufrecht und lassen die Augen kreisen:

- Es bewegen sich nur die Augen, der Kopf bleibt ruhig.
- Langsam von rechts unten nach rechts oben, dann nach oben links, von da nach unten links und zurück nach unten rechts. (2-mal)
- Und nun in der entgegengesetzten Richtung, auch zwei Runden.
- Danach schließen wir die Augen, damit sie sich entspannen.
- Die Übung wiederholen, aber den Kopf mit einbeziehen.

4. Wir sitzen entspannt aufrecht und strecken den rechten Arm in Schulterhöhe nach vorn aus.

Dann führen wir langsam den lang ausgestreckten Arm über die rechte Seite nach hinten. Dabei blicken wir abwechselnd auf unseren Handrücken (Nahsehen) und dann auf die Wand im Raum oder auf einen anderen Punkt weiter weg (Weitsehen). Während wir den Arm über die Seite nach hinten führen, dreht sich der ganze Oberkörper mit. Anschließend führen wir den Arm wieder langsam zur Ausgangsstellung zurück.

- Dasselbe wird nun mit dem linken Arm wiederholt,
- danach die Augen schließen.

5. Wir sind auf allen vieren:

- Aus dieser Haltung strecken wir den rechten Arm nach oben. Der Daumen wird abgespreizt, sodass wir den Blick abwechselnd auf den Daumen und dann auf einen Punkt oben an der Decke (oder sonst irgendwo über uns) fixieren können. Dabei einige ruhige Atemzüge in dieser Haltung verweilen.
- Dann die Übung nach der anderen Seite ausführen.
- Danach entspannt aufrecht hinsetzen und die Augen schließen.

6. Wir setzen uns mit lang ausgestreckten Beinen hin. Die Beine sind geschlossen.

- Einatmend führen wir die Arme nach oben über den Kopf und verhakeln die Daumen, das Becken ist gut aufgerichtet.
- Ausatmend neigen wir uns mit möglichst geradem Rücken nach vorn und umfassen mit beiden Händen die Beine oder vielleicht sogar Füße da, wo wir bequem hinkommen.
- Unsere Augen sind auf unsere Zehen gerichtet.
- Ruhig und regelmäßig atmen, abwechselnd auf die Zehen, dann über die Zehen hinaus ins Weite blicken.
- Nach einigen ruhigen Atemzügen langsam einatmend wieder aufrichten, indem der Rücken von unten nach oben aufgerollt wird. Zuletzt heben wir den Kopf an. Die Hände gleiten dabei die Beine hinauf, ruhen nun auf den Oberschenkeln.
- Mit geschlossenen Augen aufrecht sitzend in den Körper spüren.
- Die Übung noch einmal wiederholen.
- Danach in der Rückenlage ausruhen.

7. Die Augen „palmieren“:

- Wir liegen auf dem Rücken und reiben die Handflächen fest übereinander, sodass diese schön warm werden.
- Dann legen wir die Hände wie warme Handschalen locker über die geschlossenen Augen.
- Die Dunkelheit und die Wärme, die

von den Händen auf die Augen wirken, genießen.
- Danach die Hände an die Seiten legen.
- Weiterhin mit geschlossenen Augen nachspüren.

8. „Macht die Augen zu und kommt zur Ruh. Gute Nacht, ihr beiden, schlaft schön ein, damit ich nimmer bin so allein“:
- Bleibt einfach so auf dem Rücken liegen.
- Spürt den festen Boden und Halt unter euch: unter den Fersen, unter den Beinen, unter dem Po, unter dem Rücken, unter den Schultern, Armen und Händen und unter dem Hinterkopf.
- Die Augen sind geschlossen.
- Atmet ruhig und regelmäßig ein und aus, ein und aus und ein und aus ...
- Und nun schickt euch „Traumauge“ in das Reich der Träume: ***„Macht die Augen zu und kommt zur Ruh. Gute Nacht, ihr beiden, schlaft schön ein, damit ich nimmer bin so allein!“***
- Genießt es, wie ihr mit geschlossenen Augen daliegt.
- Die Augen, das ganze Gesicht fühlen sich angenehm entspannt an.
- „Traumauge“ führt euch jetzt in das Reich der Träume. Und es führt euch direkt zu seiner besten Freundin: Lisas Oma.
- Träumt von ihrem hübschen Häuschen inmitten der Hochhäuser .., von ihrem Garten davor ...
- Wenn sich „die innere Stimme“ und „Traumohr“ auch noch hinzugesellen, dann kannst du dich sogar mit Lisas Oma unterhalten. Sie ist eine gute Zuhörerin und weiß immer Rat! Und sie ist auch deine Oma!
- Nach ca. 3–5 Minuten Stille:
  So, und nun verabschiedet euch wieder von der Oma, ihrem Häuschen und ihrer Welt. Bedankt euch für ihren guten Rat. Ihr könnt jederzeit wieder Kontakt zu ihr aufnehmen.

Ein kleines Missgeschick mit großen Folgen

Diese Kurzgeschichte dient als Einstimmung. Sie wird von den Kindern abschnittsweise gemeinsam gelesen. Zwischendurch haben sie Gelegenheit, das bisher Gelesene zu reflektieren. Hier ist es wichtig, dass die Kinder auch über ihre etwaigen Probleme in der Schule, ihren Stress, ihre Ängste usw. sprechen dürfen.

Geschichte

Peter, Max und Lisa malen Ostereier an. Peter und Lisa sind mit Feuereifer dabei. Mit hochroten Wangen sitzen sie am Küchentisch und bemalen ihre Ostereier in vielen bunten Farben.

Nur Max ist offensichtlich nicht so ganz bei der Sache. Er ist irgendwie unkonzentriert, rutscht unruhig auf seinem Stuhl hin und her und wenn etwas nicht klappt, wie er es sich vorgestellt hat, fängt er lautstark an zu fluchen.

Und da passiert auch schon die Katastrophe: Max passt nicht richtig auf und stößt mit dem Ellenbogen gegen den Farbtopf mit der roten Farbe. Der Topf schwankt, kippt um und ein Schwall roter Farbe strömt nicht nur auf den Tisch, sondern spritzt auch über seine bereits bunt angemalten Eier. „So ein Mist", brüllt Max und springt auf. „So ein blöder Mist!", flucht er wütend weiter. Er sieht ganz so aus, als würde er am liebsten alles vom Tisch fegen. „Ich habe einfach keinen Bock mehr", schimpft er weiter und stapft aus der Küche, um einen Putzlappen zu holen.

Peter und Lisa versuchen indessen zu retten, was zu retten ist. Mit zwei Fingern angeln sie die Eier aus der roten Soße, rücken die anderen Töpfe und Eierbecher rasch zur Seite. Der Tisch sieht ganz schön schlimm aus, aber bevor die Farbe vom Tisch auf den Boden tropft, ist Max glücklicherweise mit dem Putzlappen zur Stelle, und sie wischen rasch alles auf.
Die Lust am Weitermalen ist ihnen aber erst mal vergangen. „Was ist los mit dir?", will Lisa von Max wissen. „Nichts." „Wie? Nichts! Das glaubst du doch wohl selbst nicht", schaltet sich Peter ein. „So mies gelaunt habe ich dich schon lange nicht mehr gesehen!" Max schaut verlegen. „Ja, es ist schon richtig, mir geht es heute nicht so besonders gut", sagt er dann leise.
Und dann erzählt er seinen beiden Freunden von seinen Sorgen, davon, dass er zur Zeit ziemlich viele Probleme in der Schule hat, dass er vor lauter Lernen gar nicht mehr richtig schlafen kann, dass er dann müde und unkonzentriert zum Unterricht erscheint, und wenn gar eine Prüfung angesagt ist, dann ist er mittlerweile so aufgeregt, dass ihm nichts mehr einfällt, selbst dann, wenn er echt gut gelernt hat.
Lisa und Peter hören ihm aufmerksam zu, und ab und zu nicken sie mit dem Kopf. „Ja, das kennen wir auch gut", sagen sie. „Der Mist ist, wenn du erst einmal in diesem Kreislauf drin bist, ist es verdammt schwer, da wieder herauszukommen", meint Peter dann. „Aber ich kenne da ein paar ganz gute Tricks, und es passt auch zu dem, was wir hier gerade tun. Habt ihr Lust?" Dabei macht er ein geheimnisvolles Gesicht. Lisa klatscht vor Aufregung in die Hände. „Oh ja", ruft sie, „du hast immer so gute Ideen!"

Max dagegen macht ein skeptisches Gesicht. „Lust? Wozu Lust?" „Nun, ich werde euch, und ganz besonders dir, ein paar Übungen zeigen, die dir helfen, dass du dich anschließend wieder etwas besser fühlst. Ich habe diese Übungen in meinem Yoga-Kurs gelernt. Sie sind ganz einfach. Aber man muss sie wirklich ausprobieren. Darüber reden nützt nichts", entgegnet Peter. „Okay", ruft Lisa aufgeregt. Max ist immer noch skeptisch, aber er willigt auch ein. Schließlich ist Peter sein bester Freund! Peter ist jetzt tatsächlich ein wenig verlegen. Und er fühlt sich geschmeichelt. „Es geht um Ruhe und Heiterkeit", sagt er, ***„bleib ruhig und heiter, und dann geht's weiter!"***

Begleitende Übungen

Da die Übungsreihe hier in die vorbereitende Geschichte übergeht, habe ich die möglichen spürbaren körperlichen Wirkungen der Übungen beschrieben. Lassen Sie die Kinder ruhig nach jeder Übung selbst nachspüren und geben Sie ihnen Gelegenheit, darüber zu sprechen.

Körperübungen:
„Passt gut auf! Und macht alles nach, was ich euch zeige!", sagt Peter.

1. Die „Ha-Atmung":
Einatmend richtet ihr euch hoch auf, neigt euch mit weit nach oben und v-förmig ausgestreckten Armen zurück. Die Hände sind zu Fäusten geballt. Ausatmend richtet ihr euch wieder auf und neigt euch mit dem Oberkörper schwungvoll nach vorne, gleichzeitig öffnet ihr die Fäuste.
„Ha!", brüllt Peter laut. So laut, dass Max und Lisa erschrocken zusammenzucken. Dann warten sie nicht lange und machen die Übung nach. Einatmend machen sie viel Platz im Brustraum, neigen sich mit geballten Fäusten zurück und ausatmend laut „Ha" brüllend, neigen sie sich mit dem Oberkörper nach vorne, die Hände sind nun geöffnet. „Das tut gut", findet Lisa, nachdem sie sich wieder aufgerichtet hat. „Ja, man kann seinen Ärger so gut in dieses ‚Ha' hineinlegen und loswerden", findet Max. Und weil es so schön war, wiederholen die Freunde die Übung gleich noch zweimal.

2. Brustexpander

So, und jetzt tun wir etwas gegen einen verspannten Rücken. Ich muss sagen, vom langen Sitzen und Ostereieranmalen tut mir mein Rücken schon ein wenig weh!

- *Brustexpander:* Ihr stellt euch aufrecht hin. Die Füße stehen etwa beckenbreit auseinander. Einatmend nehmt ihr die Hände so vor die Brust, dass die Handflächen nach vorne und die Ellenbogen nach außen weisen, ausatmend streckt ihr die Arme so nach vorne aus, dass die Handflächen noch immer nach vorne zeigen und die Fingerspitzen sich berühren. Dann führt ihr einatmend die lang ausgestreckten Arme nach hinten und ausatmend verschränkt ihr die Hände hinter dem Rücken. Mit jedem Einatmen hebt ihr die verschränkten Hände und Arme hinter dem Rücken etwas mehr an. Dabei atmet ihr wie immer ruhig und regelmäßig durch die Nase. Lasst es zu, dass die Schultern dabei etwas zurückgezogen werden, und achtet auf eine insgesamt entspannt aufrechte Körperhaltung. Nach einigen ruhigen Atemzügen lasst ihr ausatmend langsam die Arme sinken und spürt mit geschlossenen Augen nach.

- *Brustexpander mit Rück- und Vorbeuge:* Ihr beginnt wieder wie oben mit dem Brustexpander, dann neigt ihr euch ausatmend in dieser Haltung leicht zurück, bleibt einige ruhige Atemzüge in dieser Haltung, einatmend richtet ihr euch wieder auf und ausatmend neigt ihr euch aus der Leiste heraus mit geradem Rücken nach vorne.

Lisa leidet manchmal im Frühjahr unter einem allergischen Asthma. Deshalb beugt sie sich nur leicht nach vorne. Max ist so richtig begeistert, mit Feuereifer versucht er, mit seiner Nase so nah wie möglich ans Knie zu kommen. Als er sich nach einigen ruhigen Atemzügen wieder aufrichtet, ist er sehr mit sich zufrieden. Aber Peter runzelt kritisch die Stirn. „Es geht hier nicht um Leistung", sagt er dann. „Es ist vollkommen egal, wie nah du mit der Nase ans Knie kommst. Im Gegenteil, wenn du dich entspannen willst, dann musst du Leistungsdruck vermeiden. Zwinge dich nicht zu irgendetwas, sondern neige dich einfach nach vorne und atme ganz ruhig und regelmäßig. ***Bleib ruhig und heiter, und dann geht's weiter!"***

„Ich finde, die Übung hat mir gut getan", entgegnet Max. „Meine Schultern, mein Brustkorb und mein Rücken fühlen sich schon viel angenehmer an, irgendwie weiter!" „Und man kann tiefer atmen", bestätigt Lisa. Tja, und weil's so gut war, wiederholen die drei die ganze Übung gleich noch einmal.

3. *Dreieckshaltung:*
Stellt euch breitbeinig hin, die Füße stehen parallel zueinander. Einatmend hebt ihr die lang ausgestreckten Arme in Schulterhöhe an, ausatmend neigt ihr euch zunächst nach rechts. Die rechte Hand berührt das rechte Knie, den linken lang ausgestreckten Arm legt ihr aufs Ohr, die Handfläche weist zum Boden. Ihr schaut geradeaus. Durch die Nase ruhig und regelmäßig in die gedehnte linke Seite atmen. Dann, nach einigen ruhigen Atemzügen, richtet ihr euch wieder auf und wiederholt die Übung zur anderen Seite. Anschließend stellt ihr euch gerade hin und spürt noch einmal mit geschlossenen Augen nach.

4. Yoga-Tigersprunghaltung:
Stellt euch mit weit auseinander gegrätschten Beinen hin; die Füße stehen parallel zueinander. Neigt euch ausatmend nach vorne und setzt die Hände in Schulterbreite nahe den Beinen vor euch auf dem Boden auf. Schaut nach vorne. Für Lisa ist diese Übung nichts, weil sie zurzeit, wie in jedem Frühjahr, zu Asthmaanfällen neigt. Deshalb setzt sie sich ruhig hin und beobachtet Max und Peter aufmerksam. Die beiden „spielen" in der Tigersprunghaltung mit dem Gewicht, indem sie abwechselnd mal mehr die Hände und Arme, dann wieder die Beine belasten. Nach einigen ruhigen und tiefen Atemzügen durch die Nase setzen sie sich hin und spüren in ihren Körper hinein.

Mit richtig andächtigen Gesichtern stehen Max und Lisa da und lauschen in sich hinein. „Ah, gut", seufzt Max dann, „das tut in den Schultern so richtig gut." „Stimmt", nickt Lisa, „und man hat das Gefühl, als hätte man viel mehr Platz in seinem Körper. Viel mehr Platz zum Atmen!"

5. Entspannungsübung für die Schultern: Bleibt so entspannt aufrecht sitzen und lasst die Augen geschlossen. Die Hände ruhen auf euren Knien. Und nun zieht ihr einatmend die Schultern hoch in Richtung Ohren, und ausatmend lasst ihr sie wieder sinken. Und noch zwei-, dreimal wiederholen.
Ah, das tut den Schultern gut – nicht wahr? Lisa und Max nicken.

6. Meine Kraftfarbe – Fantasieübung:
Übungsdauer: ca. 6–8 Minuten
„So, und nun kommt meine ganz besondere Überraschung. Setzt oder legt euch hierzu zunächst einmal entspannt hin!" Lisa und Max lassen sich das nicht zweimal sagen. Lisa legt sich mit einem weichen Kissen unter dem Kopf auf den weichen Teppich auf den Rücken. Max bevorzugt einen Stuhl, legt aber die verschränkten Unterarme so vor sich auf den Tisch, dass er den Kopf darauf legen kann. Peter bleibt einfach im Schneidersitz auf dem Boden sitzen, lehnt sich aber etwas an der Wand an.

– *Anleitung:* Macht es euch bequem und schließt die Augen. Atmet ganz ruhig und regelmäßig ein und aus und ein und aus ... beobachtet einfach den Atem in der Nase, wie er kommt und geht ... Vor deinem inneren Auge steht ein Farbtopf ... Sein Deckel ist noch zu. Darin ist deine Kraftfarbe. Langsam hebst du den Deckel ... Und welche Farbe siehst du? Deine Lieblingsfarbe! Stell dir nun vor, dass du mit jedem Einatmen immer mehr von dieser Farbe wie farbiges Licht in dich hineinnimmst. Stell dir dieses farbige Licht vor, wie es sich in deinem Körper ausbreitet, wie es Kopf, Brustraum, Arme, Hände, deinen Rücken, dein Becken, Beine und Füße auffüllt ... Welche Gefühle bereitet dir diese Farbe? Ist sie beruhigend ... oder anregend ... stärkend ... macht sie dich froh oder zufrieden ...? Merke dir, welches Gefühl diese Farbe in dir bewirkt.

Nach 5–8 Minuten:
So, und jetzt atmet wieder etwas tiefer ein und aus und ein und aus ... Reckt und streckt und dehnt euch und dann öffnet langsam wieder eure Augen.
„Na, wie war's?", möchte Peter wissen. Aber Lisa und Max brauchen ein wenig Zeit, um ihre Eindrücke zu sortieren. „Es war schön!", sagt Lisa dann. „In meinem Farbtopf war blaue Farbe. Ich hatte ein Gefühl von Weite und Klarheit. Es war einfach toll!" Auch Max ist begeistert. „Bei mir war die Farbe grün! So grün wie ein schöner Wald. Es war so ruhig und entspannend. Mir geht es jetzt richtig gut!" „Ja", nickt Peter zustimmend. „Farben können ganz bestimmte Wirkungen haben. Mit ihnen finden wir ‚die Kräfte der Ruhe und der Heiterkeit'." „Ja, schon gut", lachen Lisa und Max. ***„Bleib ruhig und heiter, und dann geht's weiter!"***, ergänzen sie im Chor.

Und dann machen sich die drei mit neuem Elan wieder ans Ostereieranmalen. Lisa malt ein Ei ganz gelb an „für Tante Anna, damit sie ein wenig fröhlicher wird". Peters Eier werden fast alle kraftvoll rot. „Also ich kann Rot vorerst nicht mehr sehen", knurrt Max, „aber Grün kann meine Familie auch gut gebrauchen, genau wie ich!"

Weiterführung
Farben können bestimmte Wirkungen auf uns ausüben. Sie können uns aufmuntern, wie die gelbe Farbe. Blau ist gut, wenn wir nachdenken wollen, Rot ist kraftvoll anregend, Grün und Braun sind eher beruhigend und regenerierend, und Rosa, Pink und Violett laden zum Träumen ein. Jeder Mensch hat seine Lieblingsfarbe(n) und dies nicht zuletzt deswegen, weil sie ihm gut tun. Diese Übung schafft die Gelegenheit, die eigene „Kraftfarbe", die sich übrigens auch wieder ändern kann, herauszufinden. In der Unterrichtspraxis lasse ich die Kinder das oben gezeichnete Osterei mit ihrer Kraftfarbe ausmalen. Die mit dieser Farbe verbundenen Gefühle werden neben dem Osterei schriftlich festgehalten. Zum Beispiel: Diese Farbe macht mich froh.

Wo liegt Bagdad? – Eine traumhafte Reise

Diese Geschichte „lebt“ von den Pausen! Es ist hier sehr wichtig, dass man als Übungsleiter den Mut hat, den Kindern wirklich die Gelegenheit zu geben, ihre eigenen inneren Bilder zu entwickeln. Immer dann wenn „✧ ✧ ✧“ auftaucht, sollte versucht werden, 1 bis 2 Minuten zu schweigen, um die Kinder sich selbst zu überlassen.

Geschichte

Setze dich bequem hin und stell dir vor, du liegst im Bett und bist kurz vor dem Einschlafen.

✧ ✧ ✧

Auf einmal hörst du direkt neben dir eine ganz leise Stimme: „Kommst du mit nach Bagdad?“ Erstaunt reißt du die Augen weit auf und siehst neben dir auf dem Kopfkissen ein ganz kleines Männchen sitzen. Es ist eine winzige Gestalt, ein kleiner, sehr merkwürdig gekleideter Junge. Er hat eine etwas dunklere Hautfarbe, große dunkle Augen und auf dem Kopf trägt er einen großen weißen Turban. Er trägt eine dunkelblaue Weste mit vielen, vielen Sternchen drauf, eine gelbe weite Pluderhose und silberne Pantoffelschuhe, deren Spitze vorne nach oben gebogen ist.
Aber das Merkwürdigste an ihm ist, dass von ihm Licht ausgeht, deshalb wird es auch etwas hell in deinem Zimmer. Überrascht setzt du dich auf. „Wer bist du?“, fragst du. Aber der kleine Junge wiederholt nur noch einmal seine Frage: „Kommst du mit nach Bagdad?“, und schaut dich mit seinen großen Augen an. „Ja, aber wo liegt Bagdad denn?“, fragst du entgeistert zurück. „Und überhaupt, wie sollen wir denn dort hinkommen?“ Anstelle einer Antwort beginnt der geheimnisvolle Junge nun von Bagdad zu erzählen. Er berichtet von Moscheen, von herrlichen Palästen, deren Türme aussehen wie große Zwiebeln, von Fakiren, die auf Nagelbrettern schlafen, von

Schlangenbeschwörern, von Frauen, die völlig verschleiert sind und solchen, die mit dem Bauch tanzen. Es ist eine geheimnisvolle und sehr fremdartige Welt, und je mehr er erzählt, desto mehr fängt er an zu leuchten. Und du kannst dir allmählich diese fremde Stadt besser vorstellen.

„Au ja!", rufst du irgendwann, „ich komme mit nach Bagdad." Der geheimnisvolle Junge schaut dich lange freundlich an. „Schließe deine Augen", sagt er dann, „atme ruhig und regelmäßig ein und aus und ein und aus." Und du schließt die Augen und atmest tatsächlich ganz ruhig und regelmäßig ein und aus und ein und aus. ***„Was man im Herzen sieht – geschieht!",*** sagt er dann. „Stell dir etwas von dem, was ich dir gesagt habe, ganz genau vor!"

✧ ✧ ✧

Und du stellst dir zuallererst ein Schloss vor. Es ist dunkle Nacht, aber weil der Mond und die Sterne so hell leuchten, kannst du die weißen Schlossmauern gut erkennen. Und du erkennst auch die zwiebelförmigen Dächer wieder.
Es sieht genauso aus, wie es der seltsame Junge erzählt hat. Und siehe da: ***„Was man im Herzen sieht – geschieht!“*** Du bist da! Du bist in Bagdad, in der Stadt aus „Tausendundeiner Nacht“. Du sitzt hoch oben auf dem Schlossdach. Unter dir siehst du einen großen Platz. Obwohl es Nacht ist, herrscht hier reges Treiben. Da gibt es viele Menschen, Kamele und Lastesel. Und alle sind sehr beschäftigt. Dein kleiner Freund sitzt auf deiner Schulter. „Du kannst dir alles wünschen!“, flüstert er dir ganz leise ins Ohr. „Stelle es dir einfach vor, ***denn was man im Herzen sieht – geschieht!“***
Du siehst dich um und entdeckst in der Ecke, ein wenig abseits von all dem Trubel, genau den Schlangenbeschwörer, den du dir vorgestellt hast. Sieh ihn dir genau an. Welche Kleidung trägt er ...? Welche Farbe hat die Decke, auf der er sitzt ...?

Vor ihm steht ein großer geflochtener Korb. Er ist mit einem Deckel leicht verschlossen. Dann hebt er eine fremd aussehende Flöte an den Mund und beginnt ein Lied zu spielen. Etwas in dem Korb beginnt sich zu bewegen. Was ist das? Der Deckel rutscht allmählich zur Seite und heraus kommt eine gefährlich aussehende Brillenschlange. Hoch aufgerichtet bewegt sie sich im Rhythmus seiner Flötentöne. Du bist beeindruckt, aber du hast auch Lust, dem Schlangenbeschwörer einen kleinen harmlosen Streich zu spielen. Wie war das noch einmal? ***„Was man im Herzen sieht – geschieht!“*** Und deshalb schließt du nun deine Augen, und stellst dir eine lustige Situation vor. ***„Was man im Herzen sieht – geschieht!“***

✧ ✧ ✧

Dein Schabernack hat auch bei den anderen Zuschauern ziemlich viel Aufsehen erregt, und sie halten sich die runden Bäuche vor Lachen. Aber was da eben geschehen ist, können sie sich nicht erklären.

Du siehst dich nach deinem neuen Freund um. Er sitzt noch immer für die anderen Menschen unsichtbar auf deiner Schulter und auch er lacht vor Vergnügen. Und du möchtest natürlich noch mehr erleben. Also stellst du dir den Palast des Sultans vor. Nicht von außen, sondern von innen. ***„Was man im Herzen sieht – geschieht!"***

✧ ✧ ✧

Und schon befindet ihr euch mitten im Innenhof vom Palast. Ein Springbrunnen plätschert und viele schöne Frauen und Mädchen sind auch da. Sie sind nicht so wie die anderen Frauen auf den Straßen draußen verschleiert, sondern sie sind sehr bunt gekleidet, mit Bändern, kleinen Glöckchen und Perlen an den Hand- und Fußgelenken geschmückt und herrlich anzusehen.

An den Toren stehen grimmig aussehende Wächter. Auch sie sehen mit ihren bunten Turbanen und Krummsäbeln sehr beeindruckend aus. Und in dir wächst der Wunsch, ebenfalls so schön gekleidet zu sein wie diese Menschen. Du schließt die Augen – und: ***„Was man im Herzen sieht – geschieht!"***

✧ ✧ ✧

Jetzt schaust du genauso schön aus, wie du es dir vorgestellt hast. Und vor allen Dingen kannst du dich nun ganz unauffällig unter die vielen Menschen mischen. Du beschließt, dir den Palast näher anzusehen. Mit deinem kleinen Freund auf der Schulter hast du nun genügend Zeit, alles zu erkunden, und vielleicht triffst du ja sogar den Sultan persönlich?! Du hast genügend Zeit, dein eigenes Abenteuer zu erleben.

✧ ✧ ✧

So langsam wird es nun Zeit für dich zurückzukehren. Aber wo bist du? Wo liegt Bagdad? Für ganz kurze Zeit fürchtest du, dass du gar nicht weißt, wie du jetzt nach Hause kommen sollst. Aber zum Glück ist da dein kleiner Freund. Er lächelt dir beruhigend zu. „Ich komme zwar nicht mit dir zurück, aber es wird trotzdem für dich ganz einfach sein, nach Hause zu finden. Weißt du, da wo dein Herz ist, da bist du daheim. Und deswegen ...“ „Und deswegen brauche ich mir mein Zuhause und meine Familie nur vorzustellen!“, fällst du ihm aufgeregt ins Wort. „Genauso ist es“, nickt er und lächelt dir noch einmal zum Abschied zu. Vor deinen Augen wird er allmählich blasser und blasser. Du kannst regelrecht durch ihn hindurchsehen, dann ist er verschwunden. Aber du bist nicht traurig darüber, denn du weißt, du brauchst ihn dir nur in deinem Herzen vorzustellen, und schon ist er da oder du bist bei ihm.
Doch jetzt möchtest du erst einmal wieder nach Hause. Du schließt die Augen, stellst dir deine Lieben in deiner Familie vor – deine Freunde – deine Stadt , dein Zimmer – und:

✧ ✧ ✧

„Was man im Herzen sieht – geschieht!“
Schon bist du wieder bei dir daheim, in deinem Zimmer im kuschlig warmen Bett. Ganz ruhig liegst du da. Du atmest ganz ruhig und regelmäßig aus und ein und aus und ein. Glücklich bist du, denn du hast etwas sehr Schönes erlebt. Du hast einen

neuen Freund gefunden, und du hast etwas sehr Wichtiges gelernt – nämlich: ***„Was man im Herzen sieht – geschieht!"*** Und langsam, ganz langsam öffnest du die Augen.

Begleitende Übungen

Mentale Vorbereitung:
Ermuntern Sie die Kinder, von ihren Abenteuern zu erzählen. Welchen Streich haben sie dem Schlangenbeschwörer gespielt? In welche Verkleidung sind sie in ihrer Fantasie geschlüpft? Und was für ein Abenteuer haben sie so ganz auf sich allein gestellt im Schlosspalast erlebt?

Körperübungen:
1. Einstimmung:
Die Kinder setzen sich entspannt aufrecht hin und schließen die Augen. Sie stellen sich in aller Ruhe noch einmal ihr „Bagdad" vor!

2. Dach:
Im Sitzen nehmen sie beide Arme über den Kopf, die Handflächen liegen aneinander, die Ellenbogen bleiben leicht angewinkelt, sodass die „Dächer über ihrem Kopf" wie Zwiebeltürmchen aussehen. Einige ruhige Atemzüge die Haltung beibehalten, dann langsam – ausatmend – die Hände/Arme wieder sinken lassen.

Knie anfassen können. Der Kopf wird nach rechts über die rechte Schulter gewandt. In dieser Haltung entstehen eine Drehung der Wirbelsäule und eine Drehung des Brustbereichs. Die Kinder verweilen einige ruhige Atemzüge in dieser Sitzhaltung, dann lösen sie die Haltung langsam auf.

- Nun wird die Übung nach der anderen Seite ausgeführt.
- In einer einfachen, entspannt aufrechten Sitzhaltung nachspüren. Wie fühlt sich der Körper jetzt an?

4. Wie eine Schlange, die sich aus dem Korb heraus aufrollt und erhebt:
Die Kinder rollen sich so zusammen, wie sie möchten, und versuchen die Bewegungen einer Schlange – wie bei einem Schlangenbeschwörer – nachzuspielen. Zum Schluss stehen sie aufrecht da.

3. Fakir – „Yoga-Drehsitzhaltung":

- Die Kinder sitzen mit lang ausgestreckten Beinen. Ihre Sitzhaltung ist gerade und entspannt aufrecht. Nun winkeln sie das rechte Bein an und stellen den rechten Fuß – über das linke Bein – gegen den linken Oberschenkel/Kniebereich. Die rechte Hand stützen sie hinter dem Gesäß ab. Den linken Arm führen sie zunächst zwischen rechten Oberschenkel und Oberkörper nach rechts, dann um das rechte Knie herum, bis sie mit der linken Hand das linke

5. Die Bauchtänzer:
Die Kinder stehen aufrecht und stellen die Füße etwa becken- bis schulterbreit auseinander. Die Hände werden in die Hüften gestützt. Und nun lassen sie den Bauch kreisen:
- rechts herum
- links herum
- wie eine liegende Acht – in beide Richtungen
- wie eine stehende Acht – in beide Richtungen
- sie experimentieren.

Arabische Musik, die diese Bewegungen herausfordert, oder einfache „Bongoklänge" sind hier sehr förderlich.

6. Halbmond:
- *nach rechts, dann links:* Die Kinder stehen aufrecht, die Füße sind dicht nebeneinander. Einatmend führen sie die Hände/Arme lang ausgestreckt über den Kopf, bis sich die Handflächen berühren, ausatmend neigen sie sich zunächst nach rechts. Einige ruhige Atemzüge verweilen sie in dieser Haltung. Sie sehen jetzt wirklich aus wie Halbmonde. Einatmend richten sie sich dann wieder auf und wiederholen die Haltung nach der anderen Seite. Nachdem sie sich wieder aufgerichtet haben, lassen sie die Arme sinken und spüren im aufrechten Stand nach.

– *zurück und vor:* Die Übung beginnt wie oben. Allerdings neigen sie sich dann ausatmend leicht zurück. Wichtig: Der Kopf bleibt zwischen den Oberarmen, wird also nicht in den Nacken

gelegt. Nach einigen ruhigen Atemzügen richten sie sich wieder auf und neigen sich dann nach vorne. Wichtig: Kinder mit Asthma neigen sich nur leicht nach vorne. In der Endhaltung lassen sie Arme und Kopf einfach nach vorne baumeln und „relaxen" in dieser Haltung. Anschließend richten sie sich nicht wieder auf, sondern:

7. *Der Mond geht unter:*
Die Kinder gehen langsam und mit sehr bewussten und meditativen Bewegungen in die Knie, kommen zum Sitzen und in die Rückenlage. Der Mond geht schlafen – sie auch! Und:

8. *Was man im Herzen sieht – geschieht:*
In der Rückenlage: Ihr spürt nun den Bodenkontakt: unter den Fersen – Beinen – unter dem Gesäß – dem Rücken – den Schultern – den Armen und Händen – und unter dem Hinterkopf ... Schließt die Augen und beobachtet euren Atem ... Und nun denke an dein Zuhause, daran, was dir gut gefällt ... an die Menschen die du liebst und die dich lieben ... Stell dir eine für alle Beteiligten sehr schöne Situation vor ... ***Was man im Herzen sieht – geschieht!***

✧ ✧ ✧

Und nun atme wieder etwas tiefer ein und aus und ein und aus ... Bewege langsam wieder deine Hände und Füße ... Recke, strecke, dehne dich, gähne. Und dann öffne langsam wieder deine Augen.

Abenteuerreise im Meer oder Eins, zwei, drei – ihr guten Gedanken herbei

Bei dieser Geschichte halte ich es für sinnvoll, die körperlichen Übungen voranzustellen, um die Kinder langsam auf eine Unterwasser-Fantasiereise vorzubereiten.

Begleitende Übungen

Spiel

Die Kinder gehen im Raum umher und stellen sich vor, dass sich der Raum langsam mit Wasser füllt. Zuerst reicht ihnen das Wasser bis zu den Knöcheln ... dann bis zu den Knien ... bis zum Po ... bis zu den Hüften ... bis zu den Schultern ... bis zum Kinn ... und nun ist der Raum bis oben hin mit Wasser gefüllt. Dann wird das Wasser langsam wieder „abgelassen". Je nachdem, wie hoch in ihrer Vorstellung das Wasser reicht, bewegen sich die Kinder entsprechend (hüpfen, planschen, schwimmen, tauchen).

Mentale Vorbereitung:

Die Kinder breiten ihre Matten aus und setzen sich hin. Gemeinsam wird überlegt, was es alles so für Lebewesen im Wasser gibt, wie sie aussehen, was sie fressen usw.

Körperübungen:

Die Kinder spielen eine Reihe dieser Lebewesen durch Körperhaltungen und Bewegungen nach. Zwischen den einzelnen Übungen erhalten die Kinder immer wieder Gelegenheit, sich auszuruhen und dem eben Erlebten nachzuspüren. Vorschläge:

1. Seestern, der sich nach allen Seiten reckt und streckt – Andreaskreuzdehnung: Die Kinder liegen mit weit ausgebreiteten Armen und Beinen auf dem Rücken. Sie sehen aus wie ein liegendes X. Nun werden die Arme (erst rechts, dann links) einatmend weggedehnt, ausatmend wieder entspannt. Dasselbe geschieht mit den Beinen (erst rechts, dann links), diagonal (erst rechtes Bein und linker Arm, dann umgekehrt) und dann werden alle viere, gleichzeitig einatmend, aus der Mitte heraus weggedehnt und ausatmend entspannt. Anschließend spüren die Kinder nach. Die Arme liegen nah seitlich am Körper, die Beine sind ebenfalls geschlossen.

2. Algen, die sich weich und anmutig mit der Strömung im Wasser bewegen:

- *Krokodilhaltung, einfach:* Die Kinder liegen auf dem Rücken. Die Arme werden seitlich in Schulterhöhe ausgestreckt, die Handflächen weisen zum Boden. Die Beine sind angewinkelt. Die Füße stehen dicht nebeneinander auf dem Boden auf. Ausatmend lassen sie nun beide Knie nach links und den Kopf nach rechts sinken. Ruhig und

Seite mit dem linken Bein wiederholen. Anschließend mit lang ausgestreckten Beinen nachspüren.

regelmäßig weiteratmend in der Haltung verweilen. Einatmend mit Kopf und Knie wieder zur Mitte kommen und dann ausatmend die Haltung zur anderen Seite einnehmen.

- *Krokodilhaltung, wie oben:* Die Füße stehen in der Ausgangshaltung etwas weiter auseinander, sodass eine stärkere Drehung in der Wirbelsäule und eine stärkere Dehnung in den Hüften erreicht wird. Anschließend mit lang ausgestreckten Beinen nachspüren.
- *Krokodilhaltung mit lang ausgestreckten Beinen:* Die Kinder liegen auf dem Rücken. Die Arme werden seitlich in Schulterhöhe ausgestreckt, die Handflächen weisen zum Boden. Die Beine sind lang ausgestreckt. Einatmend wird das rechte Bein lang angehoben und ausatmend zur linken Seite und Hand geführt, der Kopf wendet sich nach rechts. Ruhig und regelmäßig weiteratmend in der Haltung verweilen. Einatmend mit Kopf und Bein wieder in die Ausgangshaltung zurückkehren, dann ausatmend die Haltung zur anderen
- *Krokodilhaltung mit lang ausgestreckten Beinen, wie oben:* Beide Beine werden gleichzeitig erst nach rechts, dann nach links geführt. Nachspüren.

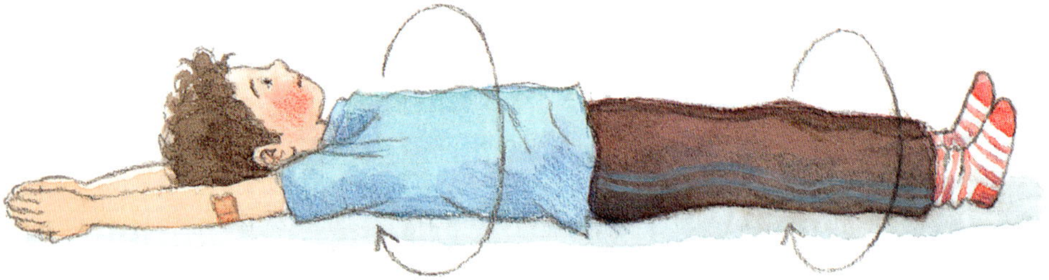

3. Seegurke:
Mit lang über dem Kopf ausgestreckten Armen über die Seite auf den Rücken und wieder zurück, also hin- und herrollen.

4. Seepferdchen – Bauchschaukel:
Ausgangshaltung ist die Bauchlage. Mit den Händen die Füße umfassen und auf dem Bauch vor- und zurückschaukeln.

5. Wasserschlange:
– *Yoga-Sphinxhaltung:* Ausgangslage ist die Bauchlage. Die Hände/Arme liegen entspannt an den Seiten. Die Füße sind geschlossen. Der Kopf liegt auf einer Wange. Einatmend nur den Kopf anheben, nach vorne schauen – weiteratmen. Mit dem nächsten Einatmen den Oberkörper ohne Zuhilfenahme der Hände oder Arme anheben – ruhig weiteratmen, dann die Ellenbogen und Unterarme unter den Schultern abstützen und damit die zuvor eingeleitete Rückbeuge unterstützen. Die Sphinx schaut geradeaus. Füße bleiben geschlossen. Ruhig und regelmäßig atmend in der Haltung verweilen, dann ausatmend die Haltung wieder auflösen, in der Bauchlage nachspüren.

Wenn die Sphinxhaltung ohne Schwierigkeiten ausgeführt werden konnte, dann folgt:

– *Yoga-Kobrahaltung:* Ausgangshaltung und Ausführung wie oben, anstelle der Ellenbogen und Unterarme werden hier die Hände unter den Schultern auf dem Boden aufgestützt. Dadurch entsteht eine stärkere Rückbeuge. Wichtig ist, dass das Becken noch immer fest auf dem Boden liegt. Dies ist in den meisten Fällen nur möglich, wenn die Ellenbogen leicht angewinkelt bleiben. Die Kobra schaut nach oben. Ruhig und regelmäßig atmend in der Haltung verweilen, dann ausatmend die Haltung wieder auflösen, in der Bauchlage nachspüren.

– *Zwischendurch rollt sich die Schlange immer wieder zusammen:* Hier ruht der Po auf den Fersen. Der Kopf ruht auf den Knien am Boden, die Hände befinden sich neben den Füßen. Rücken, Schultern, Arme und Hände können sich entspannen.

6. Fische:

Rückenlage. Die Handflächen werden vor der Brust aneinander gelegt. Die Beine sind geschlossen und lang ausgestreckt. Eine leichte Rückbeuge im Rücken bewirkt, dass sich der Rücken etwas vom Boden löst, also nur noch Fersen, Beine, Becken, Schultern und Hinterkopf auf dem Boden ruhen. Ruhig und regelmäßig atmend in der Haltung verweilen. Anschließend mit angewinkelten Beinen in der Rückenlage nachspüren.

7. Schlussentspannung mit anschließender Fantasiereise:
Die Kinder bekommen hier zunächst die Gelegenheit, noch einmal in ihren Körper hineinzuspüren: Ihr habt den Körper gedehnt und gedreht. Ihr habt euch vor- und zurückgebeugt, wie fühlt sich das jetzt für euch an?
Setze oder noch besser: Lege dich bequem hin und schließe die Augen. Stell dir vor, du liegst ganz ruhig und entspannt am Meer. Du liegst auf einer Decke. Unter dir spürst du den warmen, weichen Sand. Über dir ist der weite blaue Himmel. Die Sonne scheint angenehm warm auf dich herab. Du hörst die ruhigen Wellen des Meeres, sein leises Rauschen entspannt dich noch mehr. Ganz ruhig liegst du da. Du atmest ruhig und regelmäßig aus und ein und aus und ein ...

Du beginnst zu träumen ... Plötzlich spürst du etwas neben dir. Du schaust auf und entdeckst eine türkis-braune Muschel, sie ist etwa so groß wie deine Hand. Ganz vorsichtig hebst du sie auf, sie ist federleicht und du hältst sie an dein Ohr. Du lauschst ... Wie aus weiter Ferne vernimmst du ein Rauschen und die Stimmen des Meeres. Und dann hörst du eine ganz feine, silberne Stimme: „Ich bin eine Zaubermuschel!", sagt sie und: „Mit mir kannst du im Meer zaubern und tolle Abenteuer erleben. Mit mir kannst du sogar unter Wasser atmen! Und auch der Zauberspruch ist ganz einfach zu merken. Er lautet: ‚Eins, zwei, drei – ihr guten Gedanken herbei, herbei!'" ***„Eins, zwei, drei – ihr guten Gedanken herbei, herbei!",*** flüsterst du, und schon – huuch! – stehst du direkt am Meer.
Du blickst über das weite, blaue Meer. Unter deinen Füßen fühlst du den warmen, weichen Sand. Die Zaubermuschel hältst du fest in der Hand ... Du beschließt, in das Wasser hineinzugehen. Anfangs bist du noch vorsichtig. Das Wasser umspült zunächst nur deine Füße, bis zu den Knöcheln reicht es.
Das Wasser hat eine sehr angenehme Temperatur, und deshalb gehst du weiter in das Wasser hinein. Es reicht dir nun bis zu den Knien. Vor dir im Wasser siehst du bunte Fischschwärme, die vor dir davonhuschen. Unter deinen Füßen ist immer noch der weiche, anschmiegsame, feine Sand. Und weiter gehst du in das Wasser hinein. Bis zu den Hüften reicht es dir nun ... bis zur Brust. Doch dann, was ist das? Irgendwie bist du auf einem Korallenriff gelandet. Du spürst plötzlich scharfzackige Kanten unter deinen Füßen und befürchtest, du könntest dich verletzen.

Aber zum Glück hast du ja deine Zaubermuschel. Wie war noch der Zauberspruch? Ach ja: ***„Eins, zwei, drei – ihr guten Gedanken herbei, herbei!“***, flüsterst du. Und noch einmal: ***„Eins, zwei, drei – ihr guten Gedanken herbei, herbei!“***, und schon ist dir ein guter Gedanke, wie du dein Problem lösen kannst, gekommen. Und du löst dein Problem.

✧ ✧ ✧

Weiter geht's. Du brauchst jetzt nichts mehr für deine Füße zu befürchten, und so beschließt du, dir das Korallenriff etwas näher anzuschauen. Deine Zaubermuschel fest in der Hand, tauchst du in das Meer hinab.
Tatsächlich! – Du kannst unter Wasser atmen! Du tauchst um das Korallenriff herum. Was es da alles zu sehen gibt! Jede Menge bunter Fische, die sich hinter den roten Korallen zu verstecken suchen. Seeanemonen in allen Formen und Farben.
Doch dann, was ist das? Etwas Dunkles, Langes schwimmt auf dich zu! Eine Seeschlange vielleicht? Du beschließt, deine Zauberkraft anzuwenden: ***„Eins, zwei, drei – ihr guten Gedanken herbei, herbei!“***, flüsterst du. Und noch einmal: ***„Eins, zwei, drei – ihr guten Gedanken herbei, herbei!“***, und schon ist dir ein guter Gedanke, was du wegen der Seeschlange tun kannst, gekommen, und du tust es.

✧ ✧ ✧

Und weiter geht's. Du tauchst jetzt richtig in das Meer hinein. Unter dir tut sich eine herrliche Unterwasserlandschaft auf. Richtige Berge und Täler siehst du. Und die grünen, im Wasser wogenden Algenteppiche sehen aus wie grüne Wälder. Fische in allen Formen, Farben und Größen huschen in diesem Algenwald herum ... Und plötzlich entdeckst du tief unter dir etwas Dunkles. Es ist viereckig und kastenförmig. Du beschließt hinabzutauchen. Und was findest du? Einen uralten, verrosteten Eisenkäfig. Und in dem Eisenkäfig sitzt ein kleiner Tintenfisch. Weiß der Himmel, wie er da hineingelangt ist. Jedenfalls kommt er nicht mehr heraus. Aber zum Glück hast du ja deine Zaubermuschel: ***„Eins, zwei, drei – ihr guten Gedanken herbei, herbei!“***, flüsterst du. Und noch einmal: ***„Eins, zwei, drei – ihr guten Gedanken herbei, herbei!“***, und schon hast du einen guten Gedanken, wie du den kleinen Tintenfisch befreien kannst, und du führst ihn hinaus.

✧ ✧ ✧

Das Problem ist gelöst, der Tintenfisch ist befreit. Glücklich schwimmt er in das weite Meer hinaus. Auch du freust dich für ihn und blickst ihm noch lange nach. Dann schwimmst auch du weiter.
Weit über dir siehst du die Meeresoberfläche, das Sonnenlicht bricht sich in den Wellen und färbt das Wasser grün. Es ist herrlich, in diesem klaren und sauberen Wasser zu schwimmen. Sanft wirst du vom Wasser getragen und umspült.
Von weitem hörst du plötzlich einen ganz seltsamen Ruf. Es klingt wie ein Klagen, ein Hilferuf! Du schwimmst in die Richtung, aus der dieser Ruf kommt. Weiter und weiter schwimmst du, und lauter und klagender erscheint dir diese Stimme. Und dann – siehst du ein gigantisches Netz mitten im Meer gespannt. Ein Fischernetz. Und in diesem Netz hat sich ein Delfin verfangen. Jämmerlich klagend hängt er im Netz, er kann weder vor noch zurück, nicht runter noch hoch schwimmen. Und das ist für ihn sehr schlimm, denn Delfine müssen zum Atmen immer wieder zur Wasseroberfläche hinauf. Du erkennst sofort die schwierige Situation, in der dieser Delfin steckt, und willst ihm natürlich helfen: ***„Eins, zwei, drei – ihr guten Gedanken herbei, herbei!“***, flüsterst du. Und noch einmal: ***„Eins, zwei, drei – ihr guten Gedanken herbei, herbei!“***, und schon hast du einen guten Gedanken, wie du dem Delfin helfen kannst, und du führst ihn aus.

✧ ✧ ✧

Wie schön, der Delfin ist befreit, aber er schwimmt gar nicht davon! Im Gegenteil! Er ist richtig zutraulich. Offenbar hat er gespürt, dass du ein gutes Herz hast, und so schwimmt er so dicht an dich heran, dass du ihn anfassen und streicheln kannst. Du berührst ihn vorsichtig an der Seite und stellst überrascht fest, wie weich und warm er ist. Der Delfin stupst dich mit seiner langen Nase ganz vorsichtig an, und es ist, als zwinkere er dir fröhlich zu. Und auch du wirst mutiger, du schwimmst zunächst neben dem Delfin her, und dann erfasst du seine Flosse, hältst dich daran fest, und lässt dich von ihm durch das Meer ziehen. Hei, ist das aber ein tolles Erlebnis. Du hast nun genügend Zeit, dein eigenes Abenteuer mit deinem neuen Freund, dem Delfin, zu erleben.

✧ ✧ ✧

So langsam wird es nun Zeit für dich zurückzukehren. Und der Delfin zieht dich nun auch schon in Richtung Strand. Er bringt dich so weit, bis du wieder ganz bequem im Wasser stehen kannst. Dann verabschiedet ihr euch voneinander. Du schaust deinem neuen Freund noch lange nach, wie er mit großen Sprüngen immer weiter und weiter wieder ins Meer hinaus schwimmt, er wird kleiner und kleiner. Du bist ein bisschen traurig, aber du weißt, du kannst deinen neuen Freund in deiner Fantasie jederzeit besuchen. Dann wendest du dich endlich dem Strand zu und gehst langsam an Land.
Die Zaubermuschel hältst du noch immer in der Hand. Sie fühlt sich leicht und warm an. Du schaust die Muschel noch einmal lange an, dann wirfst du sie in einem hohen Bogen ins Meer. Du weißt, eines Tages wird ein anderes Kind diese Zaubermuschel finden und auch ein schönes Abenteuer erleben. Kaum ist die Muschel im Meer verschwunden, ruhst du – huuch! – schon wieder auf deiner Decke. Ganz ruhig liegst du da. Du atmest ganz ruhig und regelmäßig aus und ein und aus und ein.
Glücklich bist du, denn du hast etwas sehr Schönes erlebt, du hast einen neuen Freund gefunden, und du hast einen Zauberspruch, den du auch sonst anwenden kannst: ***„Eins, zwei, drei – ihr guten Gedanken herbei, herbei!“***, flüsterst du. Ja, dieser Satz wird dir immer weiterhelfen, in der Schule oder beim Arzt, oder wenn du sonst eine gute Idee brauchst!

✧ ✧ ✧

Und dann beginnst du langsam, dich zu recken und zu strecken. Du atmest etwas tiefer ein und aus, gähnst und räkelst dich. Und dann öffnest du wieder die Augen.

Die Weihnachtskerze

Ohne den moralischen Zeigefinger allzu sehr zu erheben: Es ist ganz einfach schöner, wenn man anderen eine Freude macht, als wenn man immer nur an sich denkt – gerade an Weihnachten.

Geschichte

Es war einmal eine Weihnachtskerze. Sie stand in einem kleinen Laden zwischen vielen anderen Kerzen, dicken und dünnen; manche waren kunstvoll verziert, andere schlicht weiß, wieder andere bunt oder mit einer ganz besonderen Form; ja, manche sahen sogar aus wie Blumenblüten, Zahlen, Buchstaben, Zwerge oder Tiere.

In dem Laden war es eigentlich das ganze Jahr über recht ruhig, nur manchmal, wenn jemand ein Geburtstagsgeschenk suchte, dann bewegte sich die alte, schwere Holztür und eine dunkle Glocke ertönte.
Aber immer dann, wenn große Festtage und Feiertage wie Ostern, die heilige Kommunion oder Weihnachten herannahten, dann kamen viele Menschen in den kleinen Laden.
Und viele standen dann bewundernd vor ihr und sagten: „Welch eine schöne Kerze!“ Wenn sie jedoch ihren Preis sahen, schüttelten sie traurig den Kopf. „So eine teure Kerze kann ich mir nicht leisten.“ Der Weihnachtskerze machte das nichts aus. Sie war ja wirklich eine ganz besonders schöne Kerze.
Und so verging Jahr um Jahr. Sie stand im Regal, wurde bewundert, aber nicht gekauft. Ihre Nachbarn, die anderen Kerzen um sie herum, waren immer ganz aufgeregt, wenn die dunkle Glocke der Ladentür ertönte. Sie versuchten dann, ihre Form, Farbe und Leuchtkraft besonders hervorzubringen. Und überlegten laut, in welchen Häusern und zu welchen Gelegenheiten sie wohl brennen und die Feste verschönern würden. Die Weihnachtskerze jedoch nicht. Im Gegenteil, wenn jemand die Ladentür betrat, dann war sie ganz oft der Meinung, dass dieser kleine oder große Mensch ganz sicher nicht zu ihrer Schönheit passte und dann hoffte sie, dass sie nicht bemerkt oder gekauft würde. Und tatsächlich, es blieben immer

seltener Menschen vor ihr stehen und bewunderten sie.
Nun tut es einer Kerze nicht gerade gut, wenn sie so lange irgendwo herumsteht. Ihr Wachs wird klebrig, der Staub bleibt darauf hängen und die Farben verblassen, selbst wenn man sie noch so gut pflegt. Und so erging es auch der Weihnachtskerze.
Eines Tages kam der Besitzer, inzwischen selbst auch älter und grauer geworden, holte die Kerze aus dem Regal und betrachtete sie kopfschüttelnd. „Das war einmal so eine schöne Kerze", murmelte er. „Und niemand wollte sie haben. Wahrscheinlich war sie doch zu teuer." Dann entfernte er das alte Preisschild und klebte ein neues, leuchtend grünes darauf. „Sonderverkauf" stand drauf, und zu ihrem Schrecken landete sie dann zusammen mit anderen Kerzen in einem Korb mit der Aufschrift „Alles zum halben Preis". Da war die Weihnachtskerze aber unglücklich, zumal sich herausstellte, dass die anderen Kerzen in diesem Korb offenbar genauso stolz und eingebildet gewesen waren wie sie. Und manche waren geradezu unbelehrbar. „Phh", meinten sie, „so ist's mir lieber! Ich will gar nicht brennen und dabei immer kleiner und unscheinbarer werden."
Die Weihnachtskerze beteiligte sich an solchen Gesprächen nicht. Sie war einfach traurig und wusste eines gewiss: Sie wollte nicht in diesem elenden Korb liegen bleiben.
Von nun an sah sie die Menschen mit ganz anderen Augen. Sie wurde nun auch aufgeregt, wenn die Ladenglocke ertönte, und versuchte, sich ins beste Licht zu rücken, wenn jemand einen Blick in den Korb warf. Aber das war selten genug der Fall.
Doch eines Tages geschah es dann doch. Es war kurz vor Ladenschluss. Der Besitzer hatte schon die Fenster geschlossen und die Rollläden heruntergelassen und wollte eigentlich gerade die Ladentür verschließen, als die Glocke noch einmal ertönte. „Bimbimm, bimmbimbimm." Es lag plötzlich etwas Besonderes in der Luft.

Herein trat ein kleines Mädchen. „Guten Abend", sagte es schüchtern, „ich suche eine hübsche Kerze für meine Oma." Der alte Ladenbesitzer sah die Kleine leicht belustigt an. „Na, wie viel möchtest du denn für eine Kerze ausgeben?", erkundigte er sich. Das Mädchen nannte einen Preis, den die Weihnachtskerze nicht verstand. Dann hörte sie: „Schau doch mal

da drüben in den großen Korb. Dort findest du bestimmt etwas." Und gleich darauf sah sie ein lustiges Gesicht mit Sommersprossen und großen blauen Augen, das neugierig in den Korb blickte. Und diese blauen Augen guckten genau auf sie. „Och, das ist eine schöne Kerze!", rief das Mädchen da auch schon laut auf. „Diese da will ich haben!", und sie deutete auf die Weihnachtskerze.
Der alte Ladenbesitzer schlurfte langsam zum Korb, und kratzte sich ratlos am Kopf. „Na ja", meinte er dann. „Eigentlich reicht dein Geld für diese Kerze nicht – aber na gut, du sollst sie haben!" Und mit diesen Worten holte er die Weihnachtskerze aus dem Korb, wickelte sie in schönes Geschenkpapier und übergab sie dem Mädchen.
War da die Weihnachtskerze aber glücklich! Schon auf dem Weg zu der Oma überlegte sie, wie es da wohl aussehen mochte. Aber alle ihre Erwartungen wurden übertroffen. Denn diese Oma war nicht nur sehr nett, sie war auch sehr beliebt. Sie bekam viel Besuch von anderen Menschen und vor allem von Kindern. Und immer, wenn eine ganz besondere Gelegenheit war, nicht nur an Weihnachten, dann zündete sie die Weihnachtskerze an. Und immer wieder standen Kinder vor ihr und sagten: „Das ist aber eine schöne Kerze." Und alle waren glücklich. Am glücklichsten aber war die Weihnachtskerze. Nicht, weil sie wieder so bewundert wurde, sondern weil sie die Freude in den Augen der Kinder sah.

Begleitende Übungen

Die Kinder stellen nun verschiedene Kerzenformen nach.

Mentale Vorbereitung:
Am besten gemeinsam mit der Gruppe überlegen, was es für Kerzen gibt, um sie dann mit einer Körperhaltung darzustellen. Die statische, unbewegliche Form einer Kerze fordert die Kinder dazu heraus, ebenfalls eher statische Haltungen einzunehmen, also länger in einer Position zu verweilen.

Körperübungen:
1. *Eine große Kerze:*
Die Kinder stellen sich auf Zehenspitzen, die Arme werden ebenfalls nach oben über den Kopf gestreckt, die Handflächen berühren sich.

2. *Eine geschwungene Kerze:*
Die Kinder stehen aufrecht, die Arme sind über den Kopf gestreckt, in dieser Haltung neigen sie sich nach rechts, nach links, zurück, vor.
Zwischen den Haltungen immer wieder die Arme sinken lassen und nachspüren.

3. *Eine große, dicke Kerze:*
Die Kinder stellen sich breitbeinig mit weit ausgebreiteten Armen hin.

4. *Eine kleine Kerze:*
Die Kinder gehen in die Hocke und machen sich ganz klein.

5. Manche Kerzenflammen flackern etwas:

Die Kinder sitzen im aufrechten Schneidersitz, die Arme werden über den Kopf erhoben, die Handflächen liegen aneinander. Die Arme und Hände sind die flackernden Kerzen. Die Kinder wiegen sich in dieser Haltung leicht hin und her.

6. Die Flamme erlischt, die Kerze ruht sich aus:

Die Kinder lassen in langsamen, meditativen Bewegungen die Hände sinken und neigen den Oberkörper nach vorne.

7. Schlussentspannung:

Die Kinder liegen auf dem Rücken oder auf der Seite. Schließt die Augen und atmet ganz ruhig und regelmäßig ein und aus und ein und aus ... Und nun stellt euch vor eurem inneren Auge eure Weihnachtskerze vor. Wie sieht sie aus ...? Ist sie groß ... oder klein ... dick ... oder dünn ...? Welche Farbe hat sie ...? Und vielleicht ist ja auch etwas darauf gemalt ...? Schaut euch eure Kerze ganz genau an ..!. So, und dann atmet wieder etwas tiefer ein und aus und ein und aus, reckt und streckt euch, dehnt euch, gähnt und dann öffnet langsam wieder die Augen.

Weiterführung:

Die Kinder könnten nun „ihre Kerze" malen, basteln usw.

Der Traumfänger

Die Legende vom „Traumfänger" ist ein alter Indianermythos, der noch heute seine praktische Entsprechung in der Lebensart der Chippewa-Indianer, der Sioux und Lakota findet. Sie dient zwei Dingen: Sie lehrt, dass die Spinne wie alle Lebewesen ihren Platz in der Welt hat, dass sie dem Menschen dienlich sein kann und geachtet und respektiert werden will. Und sie lehrt, dass Kinderträume eine ganz besondere Weisheit beinhalten, die geschützt werden muss.

Geschichte

Vor langer, langer Zeit, als die Welt noch jung war, machte sich ein alter, geistvoller Indianerführer auf den Weg zu einem hohen Berg. Es war noch früher Morgen, eine Stunde, in der manche Geschöpfe der Wildnis sich nach dem Dunkel der Nacht wieder ins Freie wagen.
Aus dem Dickicht eines Waldes trat vorsichtig ein Rudel Hirsche, die empfindlichen Nüstern dem Wind zugewandt, die Ohren lauschend aufgestellt. Eine große Wildkatze schlich gemächlich ihres Weges. Ein Kaninchen sprang lustig aus seinem Bau und hielt gerade noch rechtzeitig inne, um seinem Todfeind, der Wildkatze, nicht zu begegnen.

braunen Mokassins mit einem Teil des Berges. Nur die Spinne, die sich an ihrem langen Faden von einem Ast des Baumes direkt über seinem Kopf herabließ, hielt mitten in ihrem geschäftigen Tun inne. Der alte Mann saß mit geschlossenen Augen, inmitten seiner vertrauten, indianischen Welt, er überließ sich den Bildern in seinem eigenen Innern. Und er hatte einen Traum: In diesem Traum erschien ihm Iktomi, der große Täuscher und Lehrer der Weisheit, in der Gestalt einer Spinne und sprach zu dem Alten über das Rad des Lebens.

Der alte Indianer schritt auf leisen Sohlen in Mokassins, die nur den leisesten Hauch eines Geräusches verursachten, und trat so vorsichtig auf, dass kein Zweig knackte. Seine Augen schienen überall zugleich zu sein, sie durchforschten die Dickichte mit durchdringendem Blick. Sein Ziel war ein hoher Hügel. Von hier aus hatte er eine ungehinderte, klare Sicht auf das Dorf, in welchem sein Volk lebte, und das Land, welches zu seinem Volk gehörte.

Hier setzte er sich mit dem Rücken gegen eine alte Fichte und saß so regungslos, dass selbst die schärfsten Augen ihn nicht von seiner Umgebung zu unterscheiden vermochten. Selbst die winzigen Feldmäuse, die wie kleine braune Erdgeister eilig und mit leisem Rascheln durch die Gräser huschten, verwechselten seine

Er sprach davon, wie wir unser Leben als Säuglinge beginnen, es als Kinder lernend fortsetzen und erwachsen werden. Dann kommt das Alter, in dem wir wieder wie Säuglinge betreut werden müssen, und so beenden wir das Rad des Lebens. Er sprach davon, wie wir in jedem Augenblick Entscheidungen treffen müssen, zum Wohle von uns und anderen oder zum Schaden. „Wenn du auf die guten Gedanken des Lebens hörst, werden sie dir den richtigen Weg weisen. Wenn du aber auf die bösen Gedanken hörst, werden sie dir und deinem Volk schaden und euch die falsche Richtung weisen."
Während die Spinne sprach, nahm sie einen Weidenkranz und begann ein Netz hineinzuspinnen. Sie wob ihr Netz von außen nach innen, in der Mitte des Kreises blieb ein Loch. „Sieh her", sagte sie, „dieses Netz soll dir und deinem Volk helfen, eure Wünsche zu verwirklichen und eure Ziele zu erreichen. Wenn du es richtig nutzt, so wird dieses Netz deine guten Gedanken auffangen, sie für dich aufbewahren. Die schlechten jedoch fallen durch das Loch hindurch und verschwinden. Nimm dieses Netz als Traumfänger."
Der alte Indianerführer dankte der Spinne und vermittelte ihren Rat seinem Volk.
Und seither benutzen die Indianer den Traumfänger als das Netz ihres Lebens. Sie hängen es über die Betten ihrer Kinder und ihre eigenen, um ihre guten Träume, Gedanken und Ideen festzuhalten. Die schädlichen Träume und Gedanken aber fallen durch das Loch in der Mitte und sind nicht länger ein Teil von ihnen.

Begleitende Übungen

Mentale Vorbereitung:
Sprechen Sie mit den Kindern durch, wie diese die einzelnen Entwicklungsstadien des Menschen erleben: vom Neugeborenen über das Kleinkind, Kind, den Jugendlichen, Erwachsenen, alten Menschen. Fragen Sie die Kinder, welche „guten" Wünsche, Gedanken, Ideen sie haben. Fragen Sie sie auch, welche Gedanken, Ideen und Wünsche aus ihrer Sicht schädlich, also „böse" sein könnten. Gerade in Bezug auf „gut" und „böse" ist es wichtig, wertfrei mit den Kindern zu sprechen. Wir sind „nur Menschen" und haben alle jede Menge „gute" und „böse" Gedanken. Aber aus Gedanken können Worte und Taten folgen, und deshalb ist es wichtig, auf sie zu achten.

Körperübungen:
Hier gibt es keine fest vorgeschriebenen Haltungen und Bewegungen. Die Kinder können selbst experimentieren, versuchen, sich in die Hilflosigkeit eines Säuglings hineinzuversetzen oder in die steifen Bewegungen eines alten Menschen.

1. *Wie ein Säugling:*
- auf dem Rücken liegend, mit Armen und Beinen strampelnd,
- mit zunehmender Beweglichkeit kann er sich vom Rücken über die Seite auf den Bauch rollen,
- er kann sich in der Bauchlage schon so abstützen, dass er Kopf und Oberkörper etwas anheben und somit auch mehr sehen kann,
- robben
- „rückwärts einparken".

2. Wie ein Kleinkind:
- auf allen vieren die Welt erobern,
- sich langsam irgendwo hochziehen, stehen lernen,
- die ersten unsicheren Schritte.

3. Wie ein größeres Kind:
- hüpfend,
- springend.

4. „Große" Erwachsene:
Wie erleben Kinder uns Erwachsene in den Bewegungsabläufen?

5. Alte Menschen:
- gebeugt,
- steif,
- am Stock gehend ...

6. Abschließend setzen sich die Kinder alle in einen Kreis aufrecht und entspannt hin (Schneidersitz) und schließen die Augen:

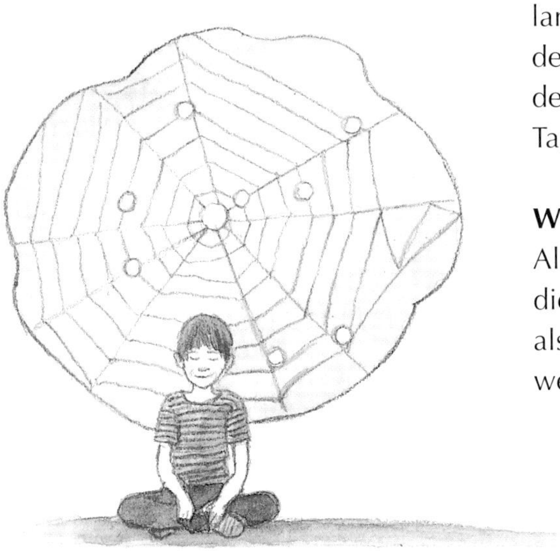

Meditation:
Wir sitzen entspannt aufrecht, die Augen sind geschlossen. Legt die Hände auf die Knie. Atmet ruhig und regelmäßig. Denkt an den alten Indianer, der so ruhig sitzen konnte, dass selbst die Tiere ihn nicht mehr sahen. Atmet ganz ruhig und regelmäßig ein und aus und ein und aus. Und nun stellt euch vor, ihr webt euch euren Traumfänger. Stellt euch ein Spinnennetz vor. Auf den seidenen Fäden des Netzes befinden sich winzig kleine Tautropfen, sie sehen aus wie glänzende Perlen oder Edelsteine. Und diese winzigen Tautropfen im seidigen Netz sind eure guten Gedanken, die eurem Wohl und dem Wohl der anderen Kinder, Erwachsenen und Lebewesen dienen. Welche Gedanken sind das? Ihr habt genügend Zeit, um euch über die guten Gedanken klar zu werden. Nach ca. 3 Minuten (5 Minuten bei geübten Kindern) Stille: So, nun atmet wieder etwas tiefer ein und aus. Bewegt euch langsam wieder. Reckt und streckt und dehnt euch. Und öffnet nun langsam wieder die Augen, kommt wieder ganz in den Tag zurück.

Weiterführung:
Als Nachbereitung der Meditation dürfen die Kinder nochmals über die Tautropfen, also Gedanken und Ideen, sprechen – wenn sie möchten.

Bastelanleitung:
In einer Schulklasse, die mit dieser Geschichte und Meditation arbeitete, stellten die Kinder anschließend aus einem Schuhkarton ein Spinnennetz her: Vor gelbem, transparentem Papier entstand ein Spinnennetz aus Wollfäden mit einer Spinne aus Karton und Walnussschalen. Bunte Perlen, die auf den Wollfäden aufgezogen wurden, stellten die „guten Gedanken“ dar.

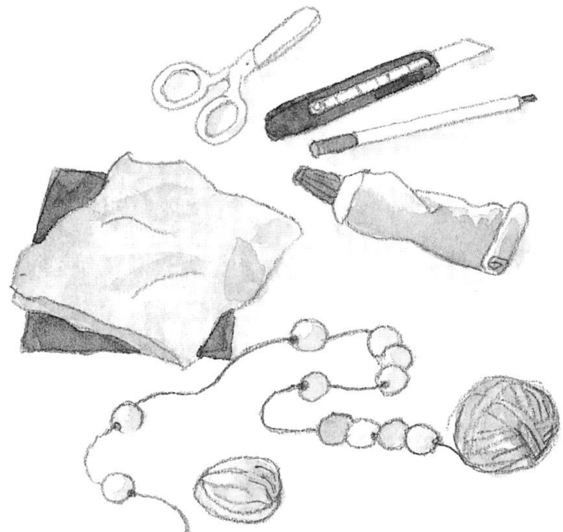

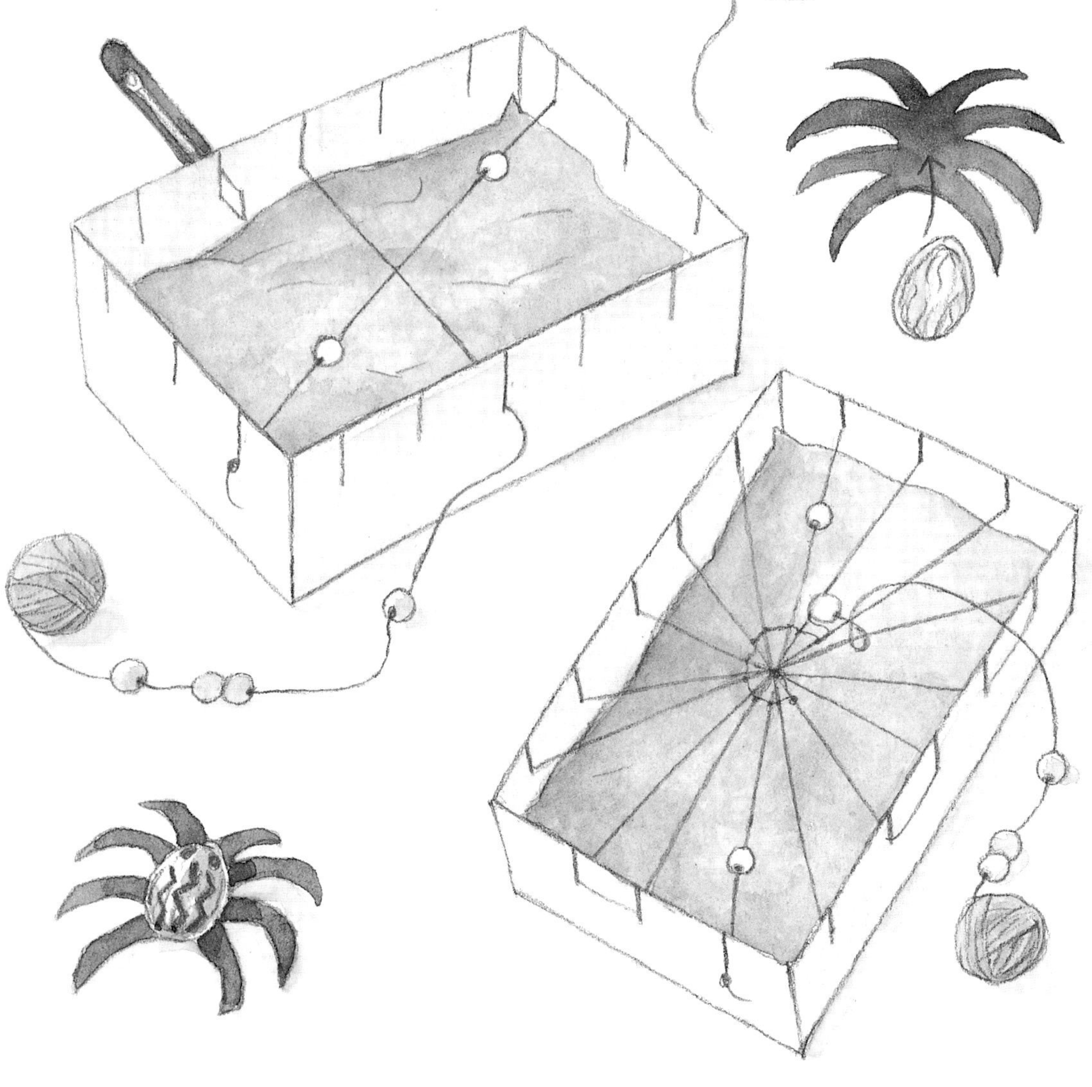

4 Intensive Körper- und Wahrnehmungsübungen

Alles, was wir in dieser Welt erleben, erleben wir mithilfe unserer fünf Sinne. Unsere Augen, Ohren, Nase, Mund und der Tastsinn sind die Fenster, durch die wir uns der Welt öffnen und sich uns die Welt eröffnet – auch unsere innere Welt. Diese Übungen schärfen die Sinne und somit dieses volle Spektrum an Gefühlen und „sinnvollen" Erfahrungen, die im Leben eines jeden Menschen eine so wichtige Rolle spielen.

Auch hier werden die Kinder spielerisch und im ganzheitlichen Sinne angesprochen, und diese spielerische Leichtigkeit hilft zum einen den lustvollen Einklang zwischen Körper, Geist und Seele wiederzufinden, zum anderen erlaubt sie, sich auch ernsteren Themen auf ungezwungene Art und Weise anzunähern. Sie laden dazu ein, mit Lust Neues zu entdecken, Horizonte zu eröffnen und über Grenzen hinauszuwachsen.

Eine ganze Welt unter meinen Füßen – Gehmeditation

Welcher Körperteil verbindet uns eigentlich immer mit der Erde? Es sind unsere Füße. Sie tragen uns durch das Leben. Mit ihnen können wir auf dieser Erde Narben und Spuren hinterlassen.

Vorübungen zur Einstimmung

1. Die Kinder gehen möglichst barfuß durch den Raum und versuchen, ein jedes für sich, herauszufinden, wie jemand geht, der Narben hinterlässt:
– tretend, fest aufstapfend, usw.
Anschließend setzen sie sich hin und spüren nach, wie sich ihre Füße nun anfühlen.

2. Die Kinder versuchen herauszufinden, wie jemand geht, der Spuren (aber keine Narben) hinterlässt:
– vorsichtig auftretend, leise, sanft, usw.
Anschließend setzen sie sich hin und spüren nach, wie sich ihre Füße nun anfühlen.

3. *Die Kinder stellen sich so hin, dass sie ein Ziel am gegenüberliegenden Ende des Raums mit den Augen fixieren können:*

- Sie gehen langsam, sehr bewusst die Füße spürend, durch den Raum auf ihr Ziel zu.
- Andere Kinder kreuzen ihren Weg, es geht also auch darum, bewusst friedlich zu sein, zu erspüren, „Gehe ich voran?“ oder „Lasse ich das andere Kind vor?“ usw.
- Wenn sie ihr Ziel erreicht haben, machen sie es sich bewusst und wenden sich dann einem anderen Ziel zu.

Anschließend erzählt jedes Kind, wie es ihm ergangen ist.
Die Geschichte vom heiligen Franziskus, der aus Liebe zur Erde barfuß ging, weil er Spuren und keine Narben hinterlassen wollte, beeindruckt die Kinder in diesem Zusammenhang in der Regel sehr.

4. *Eine ganze Welt unter meinen Füßen – Gehmeditation:*

Eine ruhige und meditative Hintergrundmusik kann diese Übung unterstützen. Und wieder gehen wir alle durch den Raum. Geht langsam und allein. Geht langsam und sorgfältig vorwärts. Spürt, wie sich euer Fuß beim Gehen abrollt. Wir gehen nicht, um anzukommen. Einfach gehen. Es ist schön zu gehen. Der ganze Körper bewegt sich mit. Achte auf deinen Atem beim Gehen. Gehe und bewege dich so durch den Raum, wie du dich wirklich gut und wohl fühlst. Gehe und bewege dich so durch den Raum, wie du glaubst, dass die Erde, die dich trägt, es mag. Eine ganze Welt ist unter deinen Füßen.

Die Sache mit der Zeit!

1. Die Kinder überlegen zunächst gemeinsam, was „Zeit" überhaupt ist.
Es gibt Situationen, da erscheint eine Stunde sehr kurz, und es gibt andere Situationen, da können zwei Minuten „eine Ewigkeit" bedeuten – beim Zahnarzt beispielsweise. Und sicher hat jeder schon einmal eine Situation erlebt, wo er/sie die Zeit völlig falsch eingeschätzt hat.

2. Anhand einer Eieruhr oder Sanduhr bekommen die Kinder dann einen bestimmten Eindruck von der Zeit vermittelt.
Wie lang können 1 Minute oder 3 Minuten sein?

3. Was kann ich in welcher Zeit?
Alles eine Frage der realen Selbsteinschätzung und das ist selbst für uns Erwachsene oft nicht leicht. Die Kinder überlegen sich nun, wie lange sie bestimmte Körperhaltungen einnehmen können:
- *eher statische Haltungen ausprobieren:* auf einem Bein stehen, auf Zehenspitzen stehen, ganz, ganz still sitzen, usw.
- *dynamische Bewegungsabläufe:* schnell hüpfen. Wie lange brauche ich, um mich einmal um mich selbst zu drehen? Wie viel Zeit nimmt es in Anspruch, wenn ich das lang ausgestreckte Bein kreise? Usw.

Das Brot, das den Hunger stillt – Meditativ essen

Die Kinder sitzen im Kreis im Raum. In ihrer Mitte liegt ein Brot. Sie betrachten es still, machen sich zunächst ihre eigenen Gedanken.

Meditationsanleitung:
- Betrachtet das Brot in aller Stille.
- Lasst die Gedanken, die euch hierzu einfallen, ruhig zu.
- Gedenkt der Menschen, die oftmals nicht genug zu essen haben.
- Gedenkt der Welt, in der wir leben, in der Brot leider häufig genug weggeworfen wird.
- Betrachtet das Brot in aller Stille und atmet ganz ruhig und regelmäßig.

Jedem Kind wird nun ein Stück Brot in die geöffneten Handschalen gelegt.
- Betrachtet das Brot, riecht daran.
- Schließt die Augen.
- Bevor ihr nun das Stück Brot ganz langsam und sehr bewusst essen werdet, spürt noch einmal in euch hinein. Achtet auf euren Mund, vielleicht ist die Speichelproduktion bereits angeregt.
- Versucht euch vorzustellen, wie es wäre, wenn ihr zum ersten Mal in eurem Leben Brot essen würdet.
- Und nun esst das Stück Brot ganz langsam und sehr bewusst.
- Teilt es euch in mehrere Bissen auf.
- Beißt erst wieder hinein, wenn ihr den ersten Bissen vollständig zerkaut und geschluckt habt, der Mund also völlig leer ist. Vielleicht könnt ihr ja sogar das Stück Brot jedes Mal wieder aus der Hand legen, bis ihr es wieder aufnehmt und weiteresst.

Nachdem alle Kinder das Brot aufgegessen haben, sitzen sie noch still und spüren nach.

Natürlich lässt sich eine „Essenmeditation" auch mit einem Apfel, einem Stück Schokolade oder Nüssen durchführen. Wichtig dabei ist das bewusste Essen. Nachdem ich das einer Gruppe Schulkinder zum ersten Mal angeboten hatte, war ich selbst überrascht, wie begeistert diese, im Grunde doch sehr einfache Übung, angenommen wurde. Manche hatten tatsächlich das Gefühl, sie essen das Brot oder einen Apfel zum ersten Mal. Andere waren fasziniert, welche Funktion ihre Zunge dabei verrichtet.

Und wir tanzen, tanzen, tanzen ... – Meditatives Tanzen

Hierzu wird sowohl dynamische (ruhig auch Techno, Rap usw.) als auch sehr meditative Musik im Wechsel angeboten.

- *Hand in Hand:* Jeweils zwei Kinder stellen sich gegenüber, schauen sich an. Die Hände sind etwa in Brusthöhe angehoben. Dann legen sie die Handflächen aneinander. Die beiden bewegen sich nun zur Musik im Raum, ohne die Handflächen voneinander zu lösen.

- *Schulter an Schulter:* Immer zwei Kinder bewegen sich im Rhythmus der Musik Schulter an Schulter durch den Raum.
- *Rücken an Rücken:* Immer zwei Kinder wenden sich den Rücken zu. Anfangs halten sie einen Abstand von vielleicht 50 cm. Sie spüren zunächst still und jedes für sich in den Rücken, machen sich bewusst, dass da noch „ein anderer" Rücken ist. Wenn die Musik erklingt, lehnen sie sich Rücken an Rücken aneinander, bewegen sich dann zur Musik im Raum, ohne den Kontakt zum anderen zu verlieren.

Diese Form des meditativen Tanzes erfordert und fördert ein hohes Maß an Einfühlungsvermögen und Rücksichtnahme gegenüber dem Tanzpartner.

Komm, ich führe dich

Am schönsten ist diese Form der Meditation draußen in der freien Natur.
Wieder tun sich die Kinder zwei und zwei zusammen, einigen sich zunächst, wer zuerst führt und wer sich führen lässt. Gewechselt wird auf jeden Fall. Und dann gehen alle zwei und zwei auf einem Spaziergang durch die freie Natur. Das Kind, welches geführt wird, lässt die Augen geschlossen. Das Kind, welches führt, versucht die Sicherheit zu geben, die das „nichtsehende Kind" braucht:
- den Weg beschreiben,
- langsam gehen,
- Anweisungen wie: „Fuß heben" usw.
- die Hand ganz fest oder ganz leicht halten,
- das andere Kind in den Arm nehmen,
- usw.

Das Kind, welches geführt wird, versucht sich nun möglichst mit den verbleibenden Sinnen zu orientieren:
- dem Tastsinn, über die Füße,
- dem Geruchssinn,
- dem Gehör, durch die Geräusche drumherum.

Bevor die Kinder die Rollen wechseln, bekommen sie Gelegenheit, darüber zu sprechen, wie sie sich in der jeweiligen Rolle gefühlt haben.

Mit Lächeln – Meditation nach Thich Nhat Hanh

Was hilft uns, wenn wir traurig sind, mutlos oder hoffnungslos? Was gibt uns Kraft? Manchmal genügt bereits ein Lächeln von einem lieben Menschen. Dieses Lächeln richtet uns innerlich wieder auf, stimmt uns froher. Lächeln ist eine Kraft.

1. Die Kinder berichten von Situationen, in denen es für sie wichtig ist (war), dass ihnen jemand aufmunternd zulächelt.

2. Die Kinder zeigen den anderen anhand von einem Foto (Mutter, Vater, Familie, Freund oder Freundin), welcher Mensch ihnen so wichtig ist, also „welches Lächeln" sie am meisten brauchen.

Bei diesen Gesprächen habe ich die Erfahrung gemacht, dass Kinder sehr oft Situationen benennen, in denen sie sich alleine fühlen: weil sie zum ersten Mal alleine im Zeltlager sind, weil die Eltern sich trennen, weil sie die Freundin die ganzen Sommerferien über vermissen usw. Was ihnen über diesen Trennungsschmerz hinweghilft, ist vielleicht ein Telefonat mit diesem vermissten Menschen. Aber auch die nun folgende Meditation kann eine Hilfe sein, um das Gefühl von mehr Nähe zu dieser betreffenden Person herstellen zu können.

3. Mit Lächeln – Meditation

Eine ruhige und meditative Hintergrundmusik kann diese Übung unterstützen. Setzt euch mit eurem Bild entspannt aufrecht hin, im Schneidersitz, auf einen Stuhl oder lehnt euch irgendwo an eine Wand. Setzt euch so hin, dass ihr niemanden stört und auch von niemand anderem gestört werden könnt. Betrachtet noch einmal in aller Ruhe euer Bild. Betrachtet euch das Gesicht dieses betreffenden Menschen so genau, dass ihr es euch so gut wie möglich in euer Gedächtnis einprägen könnt ... Und nun schließe die Augen. Atme vollkommen ruhig und regelmäßig. Versuche nun, dir dieses Gesicht noch einmal vorzustellen ... Stelle dir vor, dieser Mensch befindet sich hier in diesem Raum. Stelle dir vor, er/sie sitzt dir gegenüber und lächelt dir aufmunternd und liebevoll zu. Spürst du die Kraft, die von diesem Lächeln ausgeht ...? Und nun lächelst du einfach zurück. Lege in deine geschlossenen Augen ein Lächeln ... Auch deinem Mund sieht man dieses Lächeln an! Deinem ganzen Gesicht ...! Ist es nicht ein gutes Gefühl, einfach so dazusitzen und zu lächeln? Es gibt Kraft – nicht wahr ...? Und nun verabschiedest du dich in deiner Fantasie wieder von diesem Menschen. Du kannst ihn/sie dir jederzeit wieder vorstellen. Atmet etwas tiefer ein und aus und ein und aus. Reckt und streckt und dehnt euch. Und dann öffnet wieder eure Augen – mit einem Lächeln darin!

Der bewusst übende Mensch

Gibt es etwas Schöneres, als wenn eine „Übungsstunde“ Körper, Geist und Seele verbindet? Wenn sich statt des Gefühls der Erschöpfung das angenehme Gefühl freudiger Erregung, Spannkraft und bewusster Achtsamkeit einstellt? Dann wurde „richtig geübt“! Und wie wird man ein „bewusst und richtig übender Mensch“? Menschliches Bewusstsein als Ausdruck seines innersten Wesens bildet sich in unzähligen Wiederholungen, mit kleinen Abweichungen und Wahl- und Variationsmöglichkeiten. Bewegung, Innehalten, Nachspüren, die inneren Bilder erfahren, darüber reflektieren und berichten – all das gehört dazu. Ein Künstler feilt beständig an seinem Kunstwerk. Der Mensch feilt an sich, an seinem Selbstausdruck, an seiner Lebensfreude, an seiner Sehnsucht und seinem Lebensweg – von Anbeginn an.
Ich wünsche mir nichts mehr, als „bewusst übende Erwachsene“, die eben diese Erfahrung an die Kinder weitergeben, und danke Ihnen schon jetzt dafür.

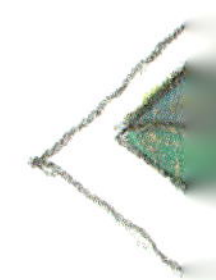

Die Autorin Ursula Rücker-Vogler ist gern bereit, Ihnen mit ihren Erfahrungen weiterzuhelfen oder Ihre Fragen zum Thema Fantasiereisen, Entspannungsgeschichten und Körperübungen für Kinder zu beantworten.

Schreiben Sie an:
Ursula Rücker-Vogler
Görrestr. 32
55131 Mainz